人本理念视域下大学治理研究

徐子连 著

吉林大学出版社
·长春·

图书在版编目（CIP）数据

人本理念视域下大学治理研究 / 徐子连著. —— 长春：吉林大学出版社，2023.1
　　ISBN 978-7-5768-1729-4

　　Ⅰ.①人… Ⅱ.①徐… Ⅲ.①高校管理–研究–中国 Ⅳ.① G647

中国国家版本馆 CIP 数据核字 (2023) 第 102196 号

书　　名	人本理念视域下大学治理研究 RENBENLINIAN SHIYUXIA DAXUE ZHILI YANJIU
作　　者	徐子连
策划编辑	矫　正
责任编辑	矫　正
责任校对	赫　瑶
装帧设计	久利图文
出版发行	吉林大学出版社
社　　址	长春市人民大街 4059 号
邮政编码	130021
发行电话	0431-89580028/29/21
网　　址	http://www.jlup.com.cn
电子邮箱	jldxcbs@sina.com
印　　刷	天津鑫恒彩印刷有限公司
开　　本	787mm×1092mm　　1/16
印　　张	12.25
字　　数	200 千字
版　　次	2023 年 1 月　　第 1 版
印　　次	2023 年 1 月　　第 1 次
书　　号	ISBN 978-7-5768-1729-4
定　　价	68.00 元

版权所有　翻印必究

前　言

大学因其承担了教育、科研与社会服务等多项功能，对于国家现代化发展的重要意义不言而喻。中国已成为世界高等教育第一大国，高等教育已从精英化迈入大众化、普及化阶段。加快推进大学治理现代化、建设高等教育强国是实现国家现代化和中华民族伟大复兴的重要支撑。在全方位推进国家治理体系与能力现代化的背景下，构建具有中国特色并能满足国家实际需求的大学治理体系，实现大学治理体系与能力现代化已成为当前教育界需要研究的重要课题。因此，大学治理现代化问题日益成为国内学界关注的焦点。

大学治理是大学实现自身目标和任务的治理结构、治理规则和治理实践的总和，包括治理主体及各主体责任的分配、利益相关者的行为的控制和标准、决策的程序和过程及规则的制定，以及在实践中对未能有效解决的问题的探索等。大学治理的关键因素是制度与人，是作为治理主体的人在治理实践中与制度互动，不断改革完善制度设计与供给，从而提高治理能力与水平的过程。大学治理是在实践中通过人与制度的互动，不断完善制度设计与供给的过程，在这一过程中，既有治理体系的主观建构，也有实践中治理本身的演进与完善。

以人为本，强调人的全面发展是社会进步的最高价值目标，强调人在社会发展中的主体地位。"以人为本"的大学治理思想是以马克思主义"人的解放""人的自由、全面发展"为基础的，立足于当代中国乃至世界发展的伟大实践，是对中国传统文化中"以人为本""以民为本"思想和西方人本主义思想的扬弃。2003年10月，党的十六届三中全会通过的《中共中央关于完善社会主义市场经济体制若干问题的决定》指出："坚持以人为本,树立全面、协调、可持续的发展观,促进经济社会和人的全面发展。"[①]这是我党为适应新世纪新阶段全面建设小康社会的客观要求提出的科学发展观。党的十八大以来,习近平同志在治国理政的新实践中,围绕改革发展稳定、内政外交国防、治党治国治军发表了一系列重要讲话。这些讲话蕴含了丰富的人本思想,在教育领域多次强调"以人为本""立德树人""培养德智体美劳全面发展的社会主义建设者和接班人",是对马克思主义人学理论的继承和发展。

以人为本理念不仅为大学治理提供了创新的理论指导,还对大学治理提出了进一步创新发展的要求。我们必须解放思想、实事求是、与时俱进,在实践中不断丰富马克思主义人权理论,并以此来推进大学治理人本理念的发展和创新,从而不断开创大学治理的新局面。

基于此,本书从人本理念视角出发,研究大学治理问题,主要以大学内部治理为主要研究方向。研究理路如下。

(一) 研究的逻辑起点与构思

大学作为一个非营利性的社会组织,具有科学研究、人才培养、服务社会三位一体的功能,其核心价值就是高深知识的生产与传播,其最重要的特质就是公共性。这里,笔者对大学的公共性意义做一个大致的界定:大学是一种准公共性组织,这是相对于私人组织而言的;它是政府、社会、教师、管理人员、学生等不同对象广泛参与、共同作用的法人实体;它应体现公共价值与公共利益,确保公民社会所需要的民主价值得到培养,而不是为某个人、某个组织谋利益。这也是用公共治理作为理论工具分析人本理念视域下大学治理的逻辑起点。

大学的公共性特点构成了大学治理的特性:大学是一个以人才资源为核心竞争力的知识机构,校内外有很多的利益相关者,他们共同构成了大学的外部治理环境和内部治理结构,为此大学理应以非营利的治理模式来进行制度安排与规范。在外部治理环境中,法律、政府、高等教育市场、中介组织对大学制度有着不同程度的影响;在内部治理环境中,行政权力、学术权力为最主要的二元权力核心。本书把人本理念与大学内部治理中的

[①] 中共中央关于完善社会主义市场经济体制若干问题的决定 [N]. 光明日报,2013-10-15.

学术治理、学生服务治理、办学资源治理有机结合起来，基于治理理念与治理实践的内在张力，分析大学治理面临的时代挑战，提出人本理念视域下大学治理的战略创新，展望人本理念视域下大学治理的未来趋势。

（二）内容与结构

本书从治理与善治、大学治理与大学管理等基本概念厘定着手，分析大学治理的时代诉求和人本理念的时代必然；从公共治理理论的研究视角出发，梳理人本理念的大学治理历史基础和现实基础，重点阐述马克思主义人本思想和马克思主义中国化人本思想，为全书的研究奠定理论基础；在借鉴国外大学学术治理经验的基础上，以人本理念为视角，从学术治理、学生服务治理和办学资源治理三个维度构建大学外部治理环境和内部治理结构，并从总体上提出我国人本理念视域下大学治理的战略创新方案。全书共分为七章。

第一章，大学治理的时代诉求和人本理念。本章从治理与善治、大学治理与大学管理的概念厘定入手，分析大学治理的"现代化"语境，梳理我国大学治理现代化路径演进及新时代特征等实然状况；从当代大学的价值取向和新时代大学治理的主要动力两个方面探讨大学治理的应然状况；梳理中西哲学中的人本思想，阐述马克思主义人本思想及中国共产党人的人本思想，探索其历史渊源。

第二章，人本理念视域下大学治理的历史与逻辑。本章主要从人本理念视域下大学治理的历史基础、理论基础和现实基础三个层面展开论述，为全书的研究奠定理论基础。人本理念视域下大学治理的历史基础包括本土治理文化和外来治理文化；理论基础主要论述公共治理理论和人本主义管理理论，包括治理理论的特征与大学治理的适切性、公共选择理论、委托—代理理论、法人治理理论、组织理论、人力资本理论等；以上海交通大学在大学治理中的实践与探索作为现实基础。

第三章，人本理念视域下大学治理的国外经验。本章对美国弗吉尼亚大学的学校与学院治理和澳大利亚大学的学术治理经验进行详细分析，纵向分析其不同历史阶段的主要表现，横向分析美国弗吉尼亚大学的学院治理理念及特点、澳大利亚研究型大学的学术治理体系及运行过程，并总结国外大学治理人本理念运作的经验，以及对我国的启示，为我国大学治理人本理念的创新与发展提供现实参考依据。

第四章，大学学术治理的人本理念。本章从学术治理规制变迁历史中探究学术治理理念的变迁；剖析学术治理人本理念的应然要求与当下大学内部治理现状的实然状态之间的鸿沟，解析学术治理人本理念的现实困境；提出以质量导向的评价体系引导学术健康发展、以提升学术本位激活基层学术组织治理活力和增强制度多元化来释放学术治理组织自主性的学术治理人本理念建设路径。

第五章，学生服务治理的人本理念。本章从学生参与大学治理的角度探讨学生服务治理的人本理念问题，在阐述人本主义理论与学生参与大学治理的价值追求的基础上，提出了学生服务治理人本理念的实现路径——倡导人本理念以促进学生参与治理的实现、树立法治理念以推进学生参与治理权利的落实、彰显服务理念以保障学生参与治理的主动性、健全学生参与机制，以制度和服务保障学生服务治理人本理念的实现。

第六章，办学资源治理的人本理念。本章从人本理念视角出发，有效利用和整合大学办学资源，提出中国现代大学与政府、市场、社会的和谐共进、共同发展的路径方向；并根据现代大学内部结构特点，提出了在坚持党委领导下，"校长治校、教授治学、民主管理"相耦合的多元治理模式，从而实现多元主体的良性互动、相互协调。

第七章，人本理念视域下大学治理的未来趋势。本章借助公共治理理论和马克思主义人本理论中的一些理论工具，结合治理理念与治理实践的内在张力、大学治理面临的时代挑战分析，从高等教育的办学理念、管理体制、战略重心、评价机制等方面对大学治理的未来走向进行一番粗浅的勾勒：主要从完善以立德树人为根本的一体化育人体系、夯实以服务需求为特色的学科专业体系、形成以协调发展为目标的分类办学体系、构建以质量贡献为导向的教育评价体系、坚持以党的领导为统领的内部治理体系等五个方面推进大学治理体系现代化建设建设。

要走出目前的大学治理困境，必须超越传统的思维定式，进行教育理念创新。笔者认为，本书以人本理念为视角，研究大学的学术治理、学生服务治理和办学资源治理，研究成果对于大学民主治校实践的深入、我国高等教育改革实践的深入拓展具有一定的积极意义。但是，本书仍有许多不足之处，如对外部治理环境探讨不足，对大学治理面临的时代挑战探讨不够深入和全面。这些不足有待笔者在今后的研究道路上不断深入与改进，敬请学界同仁批评指正。

徐子连

2021 年 12 月

目 录

第一章 大学治理的时代诉求与人本理念 ········· 1
- 一、新时代大学治理的实然与应然 ············ 1
- 二、人本理念的时代必然 ···················· 25

第二章 人本理念视域下大学治理的历史与逻辑 ··· 51
- 一、人本理念视域下大学治理的历史基础 ······ 51
- 二、人本理念视域下大学治理的理论基础 ······ 64
- 三、人本理念视域下大学治理的现实基础 ······ 79

第三章 人本理念视域下大学治理的国外经验 ····· 85
- 一、国外大学治理的人本理念历史 ············ 85
- 二、国外大学治理的人本理念实践 ············ 97
- 三、国外大学治理人本理念运作的经验与启示 ·· 109

第四章 大学学术治理的人本理念 ··············· 117
- 一、学术治理理念与规制变迁历史 ············ 117
- 二、大学学术治理人本理念建设面临的困境 ···· 126
- 三、大学学术治理人本理念的建设路径 ········ 133

第五章 办学资源治理的人本理念 ··············· 139
- 一、办学资源的内涵与外延 ·················· 139
- 二、人本理念视域下大学办学资源的治理路径 ·· 146

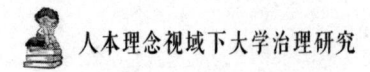

第六章　人本理念视域下大学治理的未来趋势 …………………… 163
　　一、治理理念与治理实践的内在张力 ……………………… 163
　　二、大学治理面临的时代挑战 ……………………………… 172
　　三、人本理念视域下大学治理的战略创新 ………………… 174

参考文献 ……………………………………………………………… 181

第一章　大学治理的时代诉求与人本理念

党的十八大以来，中国特色社会主义进入新时代，国家治理也进入全面推进治理体系和治理能力现代化的新阶段。习近平总书记在党的十九大报告中系统阐释了新时代中国特色社会主义思想，在全国教育大会、十九届四中全会上深刻回答了大学治理现代化的方向性、根本性、全局性和战略性问题。习近平总书记关于高等教育的系列讲话丰富了马克思主义教育理论，体现了中国特色社会主义进入新时代的鲜明特征，是我们党对大学发展规律认识的新高度，也是马克思主义教育理论继承发展的新高峰。

教育部门和高校作为一个道德教育机构，以人为本的伦理原则至关重要。大学治理的人本理念强调高校应该从制度建设、文化营造和教学管理、人才培养等方面入手，引导高等教育走向人本化管理。当代教育理论强调建构主义的学习理论，"建构"意味着教育过程中的人从被动建构的客体性存在走向主动建构的主体性存在，走向自主选择、自主创造的存在。经过主动构建的实践活动，在培养主体反映社会现代性品质的同时，积极地实现人的个性化。

基于此，本章从分析新时代大学治理的实然与应然入手，梳理人本理念的历史脉络，阐述人本理念的时代内涵，揭示人本理念下大学治理的时代必然，并提出人本理念大学治理的研究理路，为本书的研究奠定基本理论基础。

一、新时代大学治理的实然与应然

实然是指事物实际上就是这样的，但不同于现实性（现实性指其有合理性和客观性）；应然就是应该是怎么样的意思，比如说这件事就应该是那样的结果。实然与应然是法学中的专用名词，顾名思义，"应然"是指应该是什么样子，而"实然"指实际的状况。通俗地说，实然是客观的，应然是主观的。实然可以归入事实判断，应然则属于价值判断。

下面，笔者将从治理与善治、大学治理与大学管理等基本概念的厘定着手，分析大学治理的"现代化"语境，梳理我国大学治理现代化的路径演进和新时代大学治理的基本特征四个方面来阐述新时代大学治理的实然状况，从现代大学的价值取向和新时代大学治理的主要动力来阐述新时代大学治理的应然状况。

（一）新时代大学治理的实然

1. 基本概念厘定

（1）治理与善治

何谓治理？法国著名政治学家让－皮埃尔·戈丹（Jean-Pierre Gaudin）认为："治理是一种联邦制度的辅从性和企业文化的亲密结合，促进了机构、企业与协会之间的谈判式合作的多样化。治理是一种与新的软权力配合使用的一种新政治鸡尾酒，这包括：日益采用协商方式的国家、偏爱显露公民属性的企业，以及新型地区经济共同体，例如今日正在艰难建构政治性组织的欧洲联盟。"[1]

治理概念具有多个意境：就新公共管理而言，其是指将市场激励体制与私人单位的管理方式使用到政府的公共服务；就善治而言，其是指集效率、法治以及责任为一体的公共服务体系；就社会控制体系而言，其是指政府和民间、公共和私人单位间的合作和互动；就行政学而言，是指多元、民主、合作以及非意识形态化的公共行政；就自组织网络而言，其是指基于信任与互利的社会协调网络。[2]

如果治理变成公共或私人单位用作管理事务的形式，就表明调和利益并且采取联合行动这样一个持续的过程成为一种普遍的善治。治理作为一种组织机构的运行方式具有以下特点：并非是指一系列规则和活动，是指一个过程；其过程的前提条件并非是控制，而是协调；其不仅涵盖了公共

---

[1] [法] 让－皮埃尔·戈丹. 何谓治理 [M]. 北京：社会科学文献出版社，2010：97.

[2] 俞可平. 治理与善治 [M]. 北京：社会科学文献出版社，2000：2-3.

机构，也涵盖了私人机构；其并非是一种规范的体制，而是不间断的互相活动。[①]

就理论上而言，大学与国家治理具备同构性。就实际情况而言，大学治理当前所面临的风险与挑战以及大学自身的特征，决定其也必须要实现善治。治理理论的重点是转变传统管理形式下权威中心的理念以及行政干涉的强制性方式，借助于一些正规与非正规的体制安排，让各个利益相关者共同活动并参加大学事务从而使自身获得利益，实现共赢。在此改变中，包含高校的创办者、管理者、学生、校友以及高校所处区域的企业、社团等在内的利益相关者发出自身权利主张，共同参加校园事务的管理。

善治作为应对治理危机的重要理念和制度，正成为重要的趋势。大学治理的价值取向与善治的精髓是相通的。尽管学者们对于善治的定义不尽相同，但也有共通之处，可以总结为以下三点。

第一，善治强调合作治理。善治的实施与开展也是需要获得政府的支持的，但是政府并非是获得权力的唯一渠道，还可以从其他社会主体中获得管理与服务的功能。善治不但要关注权力的社会化，还需要关注政府和公民以及其他组织机构间的合作关系。合作治理时民主与理性的有效展现，也是权力主体多元化的集中表现，是实现权力关系民主化与合理化的主要保障。

第二，善治关注法治的功效。整体来说，善治就是指国家或社会治理的一种理念、过程与状态。其需要在法律的基础上开展治理，不仅不会排斥法治，反而对法治的功效更为关注。所以，将善治与法治当作互相对立的两个主体，或者将两者放置于不同层面的想法与主张都缺乏有效说服力。

第三，善治关注主体地位的确证。在某个权力领域中，会将各个群体人为或天然地分成主体与对象、统治者与被统治者以及管理者与被管理者。在这些关系里，被管理者以及被统治者处于被控制地位，并非是主体位置。而善治则关注在某个权力领域中各个群体所具有的主体位置，也就是所有群体利益与意志都获得了有效展现与尊重，他们都有变成决策者的机会，

[①] 俞可平. 治理与善治[M]. 北京：社会科学文献出版社，2000：4-5.

至少能够针对决策表达自身的意见与想法，对决策起到一定的作用，这也是可以进行合作治理的主要前提条件。

评判善治的标准包括合法性、透明性、责任性、回应性、参与、有效、稳定等。其中，透明性是指信息的公开化；责任性指建立责任体系，特别是学术责任的承担；参与是指利益相关者通过顺畅的渠道参与决策；有效是指管理机构设置合理，管理程序科学，管理活动灵活，降低管理成本；稳定是指制度体系稳定和运作过程、结果可预期。

大学自治的合法性源自各个利益主体民主性的表达，民主的最终结果就是要创建公平、畅通的利益表达体制，处理内控矛盾，防止因获得自身利益而侵害相关者利益。

（2）大学治理与大学管理

弄清楚大学治理和大学管理间的联系首先要从治理与管理的区别和联系谈起。一般认为，"管理"概念为单向度的，是权威主体受到被领导人员的影响，治理就是在某个特殊范畴里，大家以某个事件为主，共同对其进行影响。管理与治理并非是处于绝对对立位置的，但是它们之间存在以下明显差异：首先是主体差异。管理主体一般为政府，而治理主体还包含了社会机构与个体。其次是权力来源不同。政府管理权主要来自权力机构的授予，虽然其本质为人民授予，但是这毕竟还是间接授予的。而治理权利大部分都是由人民行使，这就是自治与公治。最后就是运作方式上的差异。管理运作方式是具有单向性与强制性的，因为其活动的合法性经常被大众所质疑，其有效性无法获得保障。治理的运作形式一般都是综合的、互相合作的以及包容的，其活动一般都会被大众广为关注，其有效性较强。

从实践来看，"管理"出现的时间要大大早于治理，就公共管理理论层面进行探究，治理理论的形成背景与因素是因为政府与市场的失效，[1]因而产生相对较晚。"管理"有主体和客体的划分，就是管理人员与被管理人员。当前公共管理革新的一个主要理念与价值取向，即通过"治理"解决这种划分。"治理"更多地关注社会主体公共参与管理。虽然政府是公共管理功能与职责的主要承担者，但是，因为政府、组织机构、个体等主

---

[1] 龙献忠，杨柱. 治理理论：起因、学术渊源与内涵分析[J]. 云南师范大学学报（哲学社会科学版），2007（04）：30-34.

体之间构成一种互相合作的关系，进而导致大量的活动主体以"管理人员"的身份参与活动，对社会利益给予关注，履行社会责任。

国外大学的雏形是早期社会的教会、神学院等机构。13世纪以阿拉伯人科尔多瓦大学为代表的大学不仅创办了教义学系，还开创了法律、天文以及数学等多个学系。中世纪的古典大学是一个规模较小、和社会相脱离的学术性行业组织，实行行会式的管理方式，并遵守行业机构的传统规则，各大事宜与主要原则都是由全员共同参与进行商讨决定的。以洪堡（Wilhelm won Humboldt）于19世纪创办的柏林洪堡大学为主要标志，意味着大学开始与社会以及科技发展建立了关系，将科学探究当作高校最为主要的功能，大学也开始从社会边缘步入社会中心，由"象牙塔"成为社会服务机构。柏林洪堡大学的创建代表着现代大学的形成。德国大学的思想与成果，给美国高等教育带来了巨大动力，对美国当代高等教育的产生起到了促进作用。美国具有国际上总数最多的一流大学，对大学治理较为关注，构成了政府适当干预、董事会治理、高校自治等一些较为完善的制度。

对大学治理和管理进行区分是开展大学治理现代化探究的主要切入点。大学治理较为注重重大事宜的决策是怎样形成的，而大学管理则更偏向于怎样对决策开展更为有效的实施。前者主要是探究大学利益相关者之间权责利的划分，以及使用哪种体制实现权力的划分与平衡，这其实就是一种政治性行为。后者更为关注在已定大学治理方式下，管理人员为完成组织目标而开展的活动，这是技术性行为。两者交集于大学的战略管理上，即校长和董事会共同参加高校战略规划的设定。在西方大学中，人们将和学术有关的事情都交由院系等学术机构负责，将重大事宜的决策交由董事会负责，将平日管理交由行政部门负责。美国高等教育研究协会认为，大学治理就是指学校内外利益相关者共同参加学校重大事务决策的过程，是各个决策权力在主体间的互相分配和实施，主要包含权力划分结构和实施过程两个互相匹配的部分。

李福华在《大学治理与大学管理》一书中，对大学治理和大学管理的概念进行了全面分析与整理，两者的区别与联系见表1-1。[①]他认为，大学

---

① 李福华. 大学治理与大学管理[M]. 北京：人民出版社，2012：5.

治理即为大学主体不断实现多元化以及所有权与管理权互相分开的状况下，调节各个主体间的利益关系，减少代理成本，提升教学效益的各项体制安排。西方国家的大学治理通常涵盖了公共监督与董事会体制、高校教职治理体制等。大学管理即为领导者在特殊环境下对可使用的组织资源借助于规划、组织、引导、调节与掌控等活动对其给予优化配置，从而完成学校办学目标的动态行为。笔者认为，大学治理就是大学利益主体多元化以及所有权与管理权互相分离的状况下，调节各个利益相关者的互相关系，降低代理成本，提升办学效益的一系列制度安排。

表1-1 大学治理与大学管理

比较维度	大学治理	大学管理
宏观导向	战略导向——规定大学的基础架构，确保管理处于正确的轨道上	任务导向——通过具体的管理操作完成大学任务
微观导向	实现大学各利益相关者责权利的平衡	实现大学的教学科研等既定目标
实施主体	利益相关者	管理者
实施基础	内外部的显性、隐性契约和市场机制	行政权威、学术权威
实施手段	内部治理机制、外部治理机制、激励约束机制	计划、组织、指挥、协调、控制
层级结构	大学的治理结构	大学内部的组织结构
沟通方向	一种自上而下和自下而上的双向关系	自上而下的单向关系，即上级管理下级
政府作用	政府通过制定相关法律、法规发挥重要作用	政府不干预具体管理过程

2. 大学治理的"现代化"语境

大学治理现代化是建设中国特色现代大学制度的必然要求。大学治理能力的现代化，就是要在理念、方式、制度与结构上革故鼎新，按照现代化的内在要素，用更为先进、科学的方式来治理和发展高校。大学治理现代化的意涵非常丰富，在此仅就现代化语境下的大学治理做一定分析，并从价值、结构、功能三个方面提出大学治理现代化的内含和要义。

大学治理现代化包含的是全方位的现代化，既包含治理理念和治理方式的现代化，也包括治理机制、治理制度的现代化。本书将现代化看作是大学治理发展的阶段性特征，也是大学治理发展的一种目标和未来的趋势。

大学治理现代化的基本维度是在价值取向上实现政治性、经济性、文化性等多元价值的发展和合理平衡，在治理结构上进一步优化大学外部和内部治理结构，厘清政府、大学、社会的角色和职能；在功能提升上应强化公立大学社会服务与文化传承创新的功能。大学治理现代化的实现路径是全方位推进政府监管、大学治理和公众参与的制度创新。

价值决定了理念，理念决定了制度，制度塑造了权力，而权力关系的现实互动构成了大学治理的基本架构。本书对中国公立大学治理现代化的途径进行了归纳：从传统大学管理到大学治理的转变，以大学多元价值协调发展为基石，形成大学外部治理主体（政府、社会、市场和大学相互协作）和大学内部治理主体多元共治的结构，实现公立大学回归到以公益性和社会性为主的功能转变（见图1-1）。

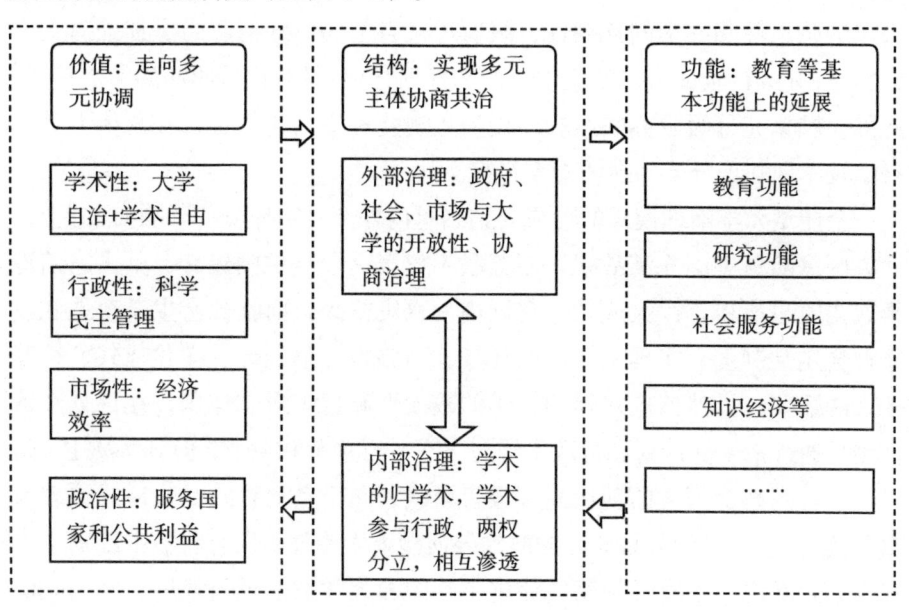

图1-1 大学治理价值、结构与功能的关系示意图

3. 我国大学治理现代化的路径演进

伴随着教育理念的发展，我国大学治理现代化之路并非一蹴而就，而是在曲折中积累沉淀、不断完善、改进并向前发展。这一过程始终与马克

思主义教育理论的丰富发展密不可分。虽然个别时期出现过挫折起伏，但大学治理理论逻辑的核心和现代化方向始终不变，即总体上坚持马克思主义唯物史观和唯物辩证法，坚持中国共产党对大学的领导，坚持社会主义的办学方向。基于这一认识，笔者从阶段性演化特征入手，把我国大学治理现代化的路径演进划分为四个阶段。

（1）全能型大学治理阶段

新中国成立后，我国全面学习苏联的国家治理模式和计划经济体制，在政治、经济、社会、文化、教育各领域实行高度集中的统一管理，新中国大学也经历了学习苏联的七年。具体来说，国家对全国大学进行统一领导，掌管人财物等各方面资源，从招生考试到人才培养、毕业就业，从组织架构到教学管理、学科建设，对大学发展拥有绝对的控制权。全能型大学治理模式的主要特征为：以苏联模式为参照，与计划经济体制相匹配，强调大学的政治性和办学的计划性，政府通过自上而下的行政力量加强对大学的领导，并进行全面直接的集中控制和计划管理，具有比较明显的管治特征。此外，国家充分吸收苏联经验，提倡正规化和专门化教育，在总体上尊重科学技术和知识分子，强调专家治校。

全能型大学治理模式的形成受到当时内外部复杂环境的影响。国际上，西方国家对新中国充满敌视，而苏联不仅第一个与中国建交，其国家治理模式当时也取得了巨大成功。在国内，百废待兴，面临社会主义改造和建立社会主义制度、实现工业化的任务，面临着加强领导、净化风气、培养新人的需要。虽然该模式强调大学的政治性和意识形态作用，在计划经济体制下通过指令性计划和行政手段对大学进行规范和调节，但其实质上"是以科学技术教育为主的现代高等教育模式，而不是教育政治化模式或政治教育模式"[1]，该阶段与此后的政治导向型大学治理阶段有着根本区别。

总的来说，该模式短期内促进了新中国大学的改革与发展，同当时的国情和经济社会发展基本是适应和有效的。其优点主要在于：在短时间内建立了与社会主义制度相适应的教育体制，关闭了私立大学和教会大学，完成了对旧教育的接收和改造；进行了大规模的院系调整，对大学内部结

---

[1] 张应强. 新中国大学制度建设的艰难选择[J]. 清华大学教育研究，2012（06）：26.

构进行改造,明确了专业教育的地位,塑造了新中国大学的基本格局和框架;与计划经济和工业化发展战略无缝对接,成立了一批综合大学、专门学院和师范院校,为当时国家经济和产业发展提供了有力支撑;大学的大门真正为劳动人民打开,实行全国统一高考,向苏联和东欧派出留学生,为国家建设培养大批急需的专业技术人才和高级专门人才。其缺点主要在于:受苏联模式的影响,国家成为全能主体,对大学的高度集中控制和具体管理有简单生硬的一面,存在着重政策、轻法律的倾向。

(2) 政治导向型大学治理阶段

随着生产资料私有制的社会主义改造基本完成和第一个五年计划的顺利推进,1956年9月,党的八大作出中国社会主义制度已经建立的判断,在分析国内阶级关系和主要矛盾变化的基础上,明确提出进一步加强执政党建设、把工作重点转移到社会主义建设上,标志着我国开始反思苏联模式,结合国情自主探索国家治理模式。但从1957年到1976年,"左"倾思潮的泛起使得新中国并没能坚持党的八大提出的路线和设想,而是转为政治导向和政治运动,大学治理也进入了政治导向型阶段。政治导向型大学治理模式的主要特征为:对苏联模式进行批判和否定,突出大学的政治领导和政治功能,强调大学"为无产阶级的政治服务""与生产劳动结合"[1],要求大学教育面向工农,其主要方针并不是进行知识教育和科技教育,而是开展"以政治教育为统帅、为灵魂的教育"[2]。

政治导向型大学治理模式的形成具有深刻的历史背景。从国际来看,苏联推行大国沙文主义,不顾中国利益主权,撤走援华专家,进行武装威胁,导致中苏关系破裂。教育界也开始反思苏联式全能型大学治理模式的弊端,尝试结合本土实际摆脱苏联模式教条主义的影响。从国内来看,随着"三大改造"任务的基本完成和社会主义制度的建立,国家和人民希望迅速改变一穷二白的局面,"急于求成"倾向凸显并延伸至教育领域。1958年开始的"教育大革命","试图打破苏联模式所强调的正规化、专门化和制度化传统,尝试建立起一种革命化、劳动化、大众化的教育制度"[3]。

---

[1] 张健. 中国教育年鉴(1949—1981)[M]. 北京:中国大百科全书出版社,1984:688.
[2] 张应强. 新中国大学制度建设的艰难选择[J]. 清华大学教育研究,2012(06):29.
[3] 张应强. 新中国大学制度建设的艰难选择[J]. 清华大学教育研究,2012(06):28.

在这一阶段，我国大学治理的理论探索陷入了阶段性困境，过于关注如何在大学治理中最大化国家的政治影响，忽视教育规律和民主法治，造成各项制度的严重破坏，导致大学的停滞甚至衰退。政治导向型大学治理模式使中国大学的发展遭到重创，其破坏性"从1957年'反右运动'到'文革'结束，前后大约持续了22年，整整耽误了一代人"[①]，使中国的科技和教育水平与发达国家差距进一步拉开，并出现了严重的人才断层，迫切需要在大学治理模式上进行深刻反思和新的突破。

（3）经济服务型大学治理阶段

党的十一届三中全会后，改革开放和社会主义市场经济体制的探索确立成为时代主题，这是国家治理思想的重大转变。在此背景下，教育界也在反思政治导向型大学治理模式弊端和错误的基础上，开始了改革开放初期以经济发展和体制改革为导向的大学治理经济服务型模式的探索。该模式的主要特征为：以建立适应社会主义市场经济体制的大学体系和大学制度为目标，强调"三个面向"、科教兴国；加强教育立法，进行体制改革，理顺政府宏观管理与大学依法自主办学关系，政府管理逐步从高度集中向放管结合转变，推进收费、就业、后勤服务等市场化、社会化改革；加大教育投入，扩大教育规模，支持重点大学建设，实施合校共建和资源重组；恢复高考招生制度，改变"专才"培养思路，实施大规模扩招，推动大学教育从精英化向大众化转变等。

经济服务型大学治理模式是在传统计划经济向社会主义市场经济转型过程中逐步形成的，也是在对我国大学发展与改革开放、经济体制改革、社会主义现代化建设实际需要互动关系的理论思考中全面展开的。从20世纪70年代末、80年代初对原有苏联模式的选择性恢复，到此后对西方大学先进制度的吸收学习，经济服务型大学治理思想与当时和平发展的国际环境密切相关，与知识经济背景下国家发展生产力、提升综合国力的迫切愿望以及对科技和人才的迫切需求紧密联系。

事实证明，经济服务型大学治理模式激发了市场作用在大学治理中的活力，促进了中国大学的长足发展，极大地提升了各类人才储备和开发，

---

① 潘懋元，蔡宗模，朱乐平等．中国高等教育改革发展70周年：回顾与前瞻——潘懋元先生专访[J]．重庆高教研究，2019（01）：7．

促进了科学技术的进步，有力地支撑了国家经济和产业结构发展，也加快了中国大学的现代化进程。但随着竞争机制的引入和市场化的冲击，也凸显出一些问题，如市场化带来资源配置不均、扩招引发教学质量下滑、教育过度"产业化""商品化"倾向、内部治理滞后于市场需求等问题。在实践过程中国家也认识到，在大学主动适应经济发展的同时，还需考虑政治的、文化的以及伦理道德的社会效益，否则，就"可能把正确的'教育为经济发展服务'变成'教育商品化'，像'教育政治化'那样不利于高等教育向正确的方向深化改革、健康发展了"[①]。这也催生了从经济服务型向科学发展型大学治理模式转型的需要。

（4）科学发展型大学治理阶段

党的十六大以后，科学发展观成为指导中国社会经济发展的主导思想。这种整体的国家发展战略以社会主义初级阶段的基本国情为立足点，试图克服传统发展观的缺陷和弊端，成为推动经济改革和社会发展的重大战略。在贯彻科学发展观的过程中，大学治理理念也由经济服务型逐步转向科学发展型。科学发展型大学治理模式的主要特征为：坚持教育优先与教育公平并举，深入实施科教兴国战略和人才强国战略；以治理理念推动大学改革实践，深化大学管理体制及运行机制改革，促进依法治校和科学发展，开始了中国特色现代大学制度探索；在控制招生增幅和规模的基础上优化结构，启动教学质量与教学改革工程；适应经济社会转型需求，多元化培养学术型及应用型人才；探索建立更加科学的考核评价和激励机制等。

在科学发展型大学治理阶段，我国面临的问题和挑战比改革开放初期更为复杂。由于知识和人才在综合国力和国际竞争力提升中的作用越来越显著，人才作为推动国民经济和社会发展战略性资源的属性也越来越清晰，大学肩负着使我国从人口大国转变为人才强国的重任。此外，与单纯追求经济增长速度、无视资源环境承载力、造成经济与社会发展不协调等深层次矛盾的背景相仿，经济服务型大学治理模式下对规模、速度、效率的追求与公平、质量、均衡的矛盾也逐渐显露。因此，以以人为本、全面协调可持续的科学发展观为引导的大学治理模式，是基于中国国情及对大学发

[①] 潘懋元. 高等教育主动适应经济与社会发展的理论思考——在第二次全国大学教育研讨会上的发言[J]. 教育评论，1989（01）：3.

展规律的正确认识而做出的合理选择。

科学发展型大学治理模式开创了我国大学科学发展的新局面,从科教兴国到人才强国的接续也体现了从"兴国"到"强国"的治国方略的转变。在科学发展型大学治理思想的引导下,教育体制逐步完善,办学水平不断提高,教育公平成就显著,大学逐渐从重点发展走向协调发展。但随着经济社会转型升级和改革步入深水区,社会对大学治理提出了新的要求和挑战,大学的综合改革也呼之欲出。

4. 新时代大学治理的基本特征

党的十九大报告提出,经过长期努力,中国特色社会主义进入了新时代,这是我国发展新的历史方位。高校作为中国特色社会主义建设的一个子系统,经过多年的改革探索与实践,其治理模式也已经形成了稳定的特征和明显的优势。以习近平新时代中国特色社会主义思想来指引中国大学治理,符合时代要求和现实国情。纵观全球,新一轮科技革命和产业革命风起云涌,"互联网+"、大数据、区块链、物联网、云计算、人工智能、深度学习等新兴技术不断涌现,重大科技创新成为经济发展的新引擎,人才资源成为决胜未来的第一资源,带来的是大学治理与国家治理更为深度的融合。从国内来看,经济升级和社会转型给传统的大学治理理念、治理模式、治理实践带来机遇和挑战。随着社会主要矛盾的转化和大学治理现代化的探索,人民群众对更高质量、更有效率、更加公平、更可持续的高等教育的需求更为迫切。进入新时代,如何走出一条与西方传统工业社会大学不同的中国道路令人深思。党和国家在汲取中国大学发展理论积累和宝贵经验的同时,呼应时代要求和民生需求,对大学治理理论有了更深的理解,实践检验也迈出了关键性步伐,形成了新时代中国特色社会主义大学治理模式。其特征具体体现在以下五个方面。

（1）更加注重治理依据的战略性

新时代中国特色社会主义大学治理模式从战略上明确了大学治理的依据。首先,坚持服务国家和服务人民。这种模式从巩固和发展中国特色社会主义、实现中华民族伟大复兴的高度看待大学治理问题,坚持以人民为中心,顺应人民期盼,努力办更高质量、更加公平、更具个性的人民满意的大学。同时,把立德树人作为立身之本和价值遵循,更加突出"培养德智体美劳全面发展的社会主义建设者和接班人"[①]这一主线。其次，立足世情国情党情。这种模式以马克思主义为指导，坚持社会主义办学方向和党对大学工作的全面领导，在历史方位、国际坐标和中国现实的宏观背景下思考大学治理问题，注意发挥政治优势和制度优势，坚持优先发展，着力加快大学竞争力提升和现代化步伐。最后，遵循大学发展规律。这种模式既考虑生产力发展水平，也考虑教育周期的长期性和教育效率的长效性，既立足国情分析阶段性特征，又吸收借鉴、开放包容，使大学治理更加符合教育规律、办学规律、人才规律和学术规律。在2018年9月召开的全国教育大会上，习近平总书记提出："教育是国之大计、党之大计。"[②]"我们要从党和国家事业发展全局的高度，全面贯彻党的教育方针，坚持优先发展教育事业，坚守为党育才、为国育才，努力办好人民满意的教育，在加快推进教育现代化的新征程中培养担当民族复兴大任的时代新人。要坚持社会主义办学方向，把立德树人作为教育的根本任务，发挥教育在培育和践行社会主义核心价值观中的重要作用，深化学校思想政治理论课改革创新，加强和改进学校体育美育，广泛开展劳动教育，发展素质教育，推进教育公平，促进学生德智体美劳全面发展，培养学生爱国情怀、社会责任感、创新精神、实践能力。"[③]

（2）更加注重治理目标的全局性

从治理目标来看，新时代中国特色社会主义大学治理模式具有明显的全局性特征。首先，注重大学治理与国家治理的融合。该模式对标新时代国家发展的总体战略安排，从两个一百年奋斗目标和国家现代化全局出发，把推进大学现代化、建设高等教育强国的目标与发挥大学在创新型国家、构建现代化经济体系中的作用紧密结合。其次，聚焦综合改革，力求解决规模、结构、质量、效益不协调的问题。这种模式以新发展理念为引领，采用系统思维和系统方法，全面把握大学治理各行为主体的关系，以综合

[①] 习近平在全国教育大会上强调：坚持中国特色社会主义教育发展道路 培养德智体美劳全面发展的社会主义建设者和接班人[N]. 人民日报，2018-09-11（001）.

[②] 习近平在全国教育大会上强调：坚持中国特色社会主义教育发展道路 培养德智体美劳全面发展的社会主义建设者和接班人[N]. 人民日报，2018-09-11（001）.

[③] 习近平. 习近平谈治国理政（第四卷）[M]. 北京：外文出版社，2022：339-340.

改革统筹协调各方利益和各种矛盾，破除体制机制障碍，着力培养创新型、实用型、复合型人才，推动大学高质量发展。最后，体现了全局视野的前瞻引领。这种模式认识到大学在经济社会发展中的基础性、先导性、全局性地位，主张借鉴国内外先进经验和前沿成果，坚持需求导向、问题导向和超前布局，明确了推进我国大学治理现代化的基本理念和思路方向。百年大计，教育为本。"我国高等教育要立足中华民族伟大复兴战略全局和世界百年未有之大变局，心怀'国之大者'，把握大势，敢于担当，善于作为，为服务国家富强、民族复兴、人民幸福贡献力量。"[①]办好新时代高等教育，在目标定位上，要抓住历史机遇，紧扣时代脉搏，立足新发展阶段、贯彻新发展理念、服务构建新发展格局，想国家之所想、急国家之所急、应国家之所需。

（3）更加注重治理结构的系统性

新时代中国特色社会主义大学治理模式注重系统性。一方面，通过调整政府、市场、社会与大学的关系，完善外部治理结构。这种模式在理念上倡导从传统管理转向现代治理，认识到要进一步转变政府职能，加大"放管服"力度，推进"管办评"分离，落实大学办学的主体地位和自主权；主张健全资源配置市场机制和竞争机制，发挥市场效率优势和调节作用，鼓励民办高校面向市场参与现代学校制度改革创新；鼓励大学与科研院所、行业企业、社会团体合作共建和资源共享，主张健全社会支持、监督评价和育人协同机制，推动形成全社会共同参与大学治理的常态机制，力图构建大学与外部治理多元主体间的新型关系。另一方面，以内涵式发展为统领，完善内部治理结构。这种模式主张规范大学章程建设，提高依法治校水平；呼吁改进内部管理体制和运行服务体系，调整学术与行政、教师、学生和管理团队间的关系；倡导加大教育教学改革力度，加强课程、教学、师资建设，提高内生发展动力；力图进一步完善中国特色现代大学制度的体系架构，以党委领导下的校长负责制为基础，探索教授治学的有效途径，拓宽师生员工参与民主管理、民主监督、民主决策的渠道，提升大学内部治理水平。经过长期的努力，目前我国已经形成了具有鲜明中国特色又比较

---

① 习近平在清华大学考察时强调：坚持中国特色世界一流大学建设目标方向 为服务国家富强民族复兴人民幸福贡献力量[N]. 光明日报，2021-04-20（001）.

稳定的大学治理结构。

①学校领导体制——党委领导下的校长负责制

党的十八大以来，我国把加强党的政治建设摆在了突出位置，特别是党的十九大报告中明确指出："工农商学兵，东西南北中，党是领导一切的"。目前已经基本解决了党政两个"一把手"的问题，突出了党委"一把手"的核心地位和党委的领导作用，使党委领导下的校长负责制的实施更加顺畅高效。加强党对高等学校的领导，有效实施党委领导下的校长负责制，已经成为新时代我国大学治理的突出特征。"院校长要讲政治、懂教育、钻打仗、善管理、严自律，做办学治校的行家里手。要具备同岗位要求相匹配的政治素质和政治能力，坚持从思想上政治上建校治校。更新教育理念，把握教育规律，强化专业素养……要从严治教、从严治学、从严治研、从严治考，满腔热忱解决教学科研实际困难，保持院校高度集中统一和安全稳定……要加强党性修养，加强作风纪律养成，加强学习实践，时时处处严格要求自己，以自身的好形象带出院校的好风气。"[①]

②院系领导体制——党政联席会议制度

高校的二级院系既是高等学校人才培养、科学研究、社会服务等的具体承担者，也是学校决策的具体实施者和执行者。科学的院系领导体制和治理结构是院系顺利履行职责的基本保障。

2010年10月，中共中央印发了新修订的《中国共产党普通高校基层组织工作条例》，明确院（系）级单位党组织通过党政联席会议，讨论和决定本单位重要事项，支持本单位行政领导班子和负责人在其职责范围内独立负责地开展工作。各高校制定的大学章程也都明确规定了党政联席会议制度为院系领导体制的基本形式。此后，院系党政联席会议制度在我国高校得到比较有效的执行，并成为新时代我国大学治理的重要特征之一。

③学术管理——学术委员会制度

1999年1月开始施行的《中华人民共和国高等教育法》（以下简称《高等教育法》），在规定高等学校实行党委领导下的校长负责制的同时，明确规定：高等学校设立学术委员会，审议学科、专业的设置，教学、科学

---

① 习近平在全军院校长集训开班式上强调：贯彻新时代军事教育方针 深化军事院校改革创新 培养德才兼备的高素质专业化新型军事人才[N]. 光明日报，2019-11-28（001）.

研究计划方案，评定教学、科学研究成果等有关学术事项。这一规定首次从法律上确立了学术委员会的独立地位。其后，国务院和教育部又相继出台了许多与大学学术委员会相关的政策法规。《国家中长期教育改革和发展规划纲要（2010—2020年）》强调了应当充分发挥学术委员会在学科建设、学术评价、学术发展中的重要作用。2011年7月教育部印发的《高等学校章程制定暂行办法》规定，在大学章程中应当明确规定学术委员会组织及其他学术组织的组成及运行机制，保障学术委员会在学术事项上充分发挥咨询、审议、决策的作用，维护学术活动的独立性。[1]此后，各高校开始了章程的制定工作，在教育主管部门审核通过的各高校章程中，学术委员会的独立地位都得到了体现。2014年1月教育部印发的《高等学校学术委员会规程》规定：高等学校应当依法设立学术委员会，健全以学术委员会为核心的学术管理体系与组织架构；并以学术委员会作为校内最高学术机构，统筹行使学术事务的决策、审议、评定和咨询等职权。该规程第一次提出了学术委员会对学术事务拥有决策权，第一次提出学校要尊重并支持学术委员会独立行使职权，第一次明确了专职学术人员要在学术委员会成员中占多数地位，这在我国大学治理结构构建，特别是学术委员会制度建设上具有里程碑式的意义。此后，各高校在学术委员会制度建设方面都进行了积极的探索，尽管目前我国高校的学术委员会制度还有一些待完善之处，但其已经成为新时代大学学术治理的基本特征。

④民主管理——教职工代表大会制度

近年来，我国高校教代会制度也不断发展与创新，日益显现出新时代大学民主管理的重要特征。第一，院（系）二级教代会制度日益完善。多数学校已经健全了二级教代会制度，院（系）发展的重大事项必须经过院（系）教职工代表大会或教职工大会讨论通过。第二，部分学校探索实施教代会代表调研与巡视制度，由教代会不定期选派代表对学校各职能部门进行巡视，了解情况，并最终向校领导反馈和提出建议。第三，教代会代表列席校长办公会议制度。根据相关会议议题邀请教代会代表参加校长办公会，教代会代表通过列席会议，参与校务工作并进行民主监督。第四，接待教

---

[1] 教育部.高等学校章程制定暂行办法[EB/OL].（2012-01-09）[2022-02-16]http://www.moe.gov.cn/srcsite/A02/s5911/moe_621/201111/t20111,28_170440.html.

代会代表日制度。在教代会闭会期间，校领导及职能部门负责人在规定的时间接待教代会代表并回答与解决相关问题。

党的十九大报告明确提出了"以人民为中心"的理念，高校教职工的主体地位必将有所提升。教职工代表大会的民主管理权力、党委会的政治权力、校长的行政权力、学术委员会的学术权力也必将形成更加和谐、科学的良性互动与制约关系。这在大学治理的内在权力结构上实现了四种权力的均衡和制衡，推进了我国现代大学制度的建立与进一步完善。

⑤学生参与大学内部治理

首先，学生参与大学内部治理符合当前我国高校管理的改革现实。我国高等教育已进入了大众化发展阶段，部分地区也已实现普及化，高校也迎来了"学生时代"。随着高校学生数量的扩张和学生付费上学成本的上扬，学生群体的利益相关者地位愈加突出，学生利益诉求日益多元；加之，当今信息化时代的开放性和自媒体传播的泛化，极大地影响和改变了学生的思想和行为方式，这都促使学生在高校教学和管理中应有的地位和心理发生了明显改变，学生维护自身权利的意识明显增强，对于高校的知情权、话语权和参与权的要求显著增加。无视学生权力的存在将被证明是一个严重的错误，学生应该在学校事务中拥有自己的发言权。[1]近年来，随着对学生群体强大诉求的深刻体悟，校生、师生关系悄然发生了较大的变化，高校的办学者、管理者、教学者对于学生的角色有了更深刻的认知，大学回应学生诉求的意识和理念渐趋转变。部分高校在制定落实大学章程和推进大学民主管理的过程中，进行了具有校本特色的实践探索，更加注重学生参与制度和学生诉求回应机制的建设。

其次，学生参与大学内部治理符合建设中国特色现代大学制度的历史使命。《国家中长期教育改革和发展规划纲要（2010—2020年）》（以下简称《规划纲要》）明确提出，要扩大办学自主权，建设中国特色现代大学制度，完善大学治理结构，由此表明大学治理在我国获得了政治合法性并正式进入政策议程。《规划纲要》同时指出，我国未来高校治理要探索教授治学的有效途径，充分发挥教授在教学、学术研究和学校管理中的作用。

---

[1] 陈玉琨，戚业国. 论我国高校内部管理的权力机制 [J]. 高等教育研究，1999（03）：40.

加强教职工代表大会、学生代表大会的建设，发挥群众团体的作用。这不仅阐明了我国大学内部治理的路线图，明晰了完善大学内部治理结构改革的行动指向，也为学生参与大学内部治理提供了政策基础和法理依据。党的十八届三中全会首次提出："全面深化改革的总目标是完善和发展中国特色社会主义制度，推进国家治理体系和治理能力现代化。"[①]而党的十九大站在历史的新高度，提出新时代要进一步推进国家治理体系和治理能力现代化。在此背景下，完善大学治理体系、提升大学治理能力、推进大学治理现代化既是我国高等教育改革的重要内容，也是建设中国特色现代大学制度的基本路径。

（4）更加注重治理改进的创新性

从治理改进角度看，新时代中国特色社会主义大学治理模式把改革创新放在突出位置。一方面，从社会主义初级阶段的国情出发，创造性提出扎根中国大地办教育。这种模式立足中国大学改革发展实际和独特价值，关注作为发展中大国的赶超战略，既统筹推进世界一流大学和一流学科建设，参与和推动世界高等教育的改革发展，又注意引导不同大学合理定位、内涵发展、办出特色；既彰显中国特色的文化与精神，又尊重国际理念，在对外开放中走向世界。另一方面，更加重视人的教育，创新性地提出协同育人理念。这种模式创新了人才培养方式，倡导运用科教融合、产学研用协同等新机制、新技术激发育人活力；主张创新立德树人落实机制，深化全员、全过程、全方位的"三全育人"综合改革，力争从宏观中观微观各层面，政府社会大学各主体、学校学院教工各群体搭建育人平台和现实载体，建立学校、家庭、社会密切配合、协调各方的协同育人机制。

（5）更加注重治理评价的科学性

关于治理评价，新时代中国特色社会主义大学治理模式认为应坚持破立并举，尝试构建具有中国特色、国际影响的科学评价体系。一方面，聚焦人才培养质量，着力扭转不科学的评价导向。要全面贯彻落实《深化新时代教育评价改革总体方案》，尊重教育规律和人才成长规律，推动教育理念、教育评价、教育管理等不断完善，推进治理体系和治理能力现代化。

[①] 中共中央关于全面深化改革若干重大问题的决定[EB/OL].（2013-11-15）[2022-02-16].http://www.gov.cn/jnzg/2013-11/15/content_2528179.html.

这种模式在新一轮大学和学科评价中尝试淡化规模、强化质量，鼓励专门机构和社会组织参与，综合使用定量、定性与同行评估结合的多元方式，以质量、贡献为导向，完善学科、教学和科研评价指标体系，力图破除唯分数、唯升学、唯文凭、唯论文、唯帽子的"五唯"顽疾，营造良好的创新环境。另一方面，健全督导体制机制，树立育人为本的教育评价观。这种模式在治理评价中加入立德树人、思政教育、师德师风、社会贡献和办学特色等要素，既注重评价理念、评价体系、评价方法借鉴国外经验，又立足国情树立中国标准，体现中国特色、中国风格和中国气派。

（二）新时代大学治理的应然

1. 现代大学的价值取向

无论是人才培养、科学研究还是服务社会，就其本质而言，都直接牵涉大学、学术与学者三者之间的关系，也是现代大学共同的基本价值定位。

（1）培养人才，传播知识

这是大学最基本的价值定位，也是自产生以来就有的功能。中世纪的大学最初是在教师和学生组成的行业公会的基础上建立起来的，其出现和发展的合理性与它的专业人才培养的取向，与当时社会专业人才的极具缺乏的现状是一致的，因此，中世纪大学的主要作用是传授专业知识。同样，当代社会的发展最离不开的核心要素是人才，而大学作为人才培养的基地，在国家发展中担负了巨大的责任。如果国家缺乏有创新能力和专业素养的人才，则无法发明出具有影响力的技术，会抑制技术的创新发展，科技知识向生产力的转换效率决定了国家竞争力，这些都需要大学对人才的培养。当然，不能说人才的培养只能通过大学这一条途径，但不可否认的是大学的确担负了培养高素质专业人才的重任。因此，大学务必重视理论与实践相结合，为培养具有创新能力和专业素养的人才提供环境，为科研和生产实践培育大量后备人才。

（2）科学研究，知识创新

这也是现代大学的基本价值取向。但是，与其他科研机构不同，大学的科学研究具有与教学、人才培养有机结合的特点。大学在进行科研方面具有优势，它拥有大批不断探索科学的精力旺盛、思维敏捷的青年人，所以科学能在此得到更迅速、更蓬勃的发展。洪堡认为，人才培养与发展科学在实施的途径上基本是一致的，并提出"由科学而达至修养"的教育原则，力求将教学与科学结合起来。在知识经济时代，国家之间的竞争也从简单的经济状态扩展到军事科技、社会生活等各个层面，因此，为了实现大学在国家发展中的作用，大学的科研活动务必具有前瞻性和实践性，能将理论研究成果恰到好处地应用在社会发展中，为社会进步和国家发展做出贡献。

（3）服务社会，知识转化

一直以来，人们普遍认同大学承担的知识传播和知识创新两大职能，而知识转化与应用却被认为是企业的职能。在当代社会，大学的两个职能已然环环相扣，彼此交融，缺一不可。服务社会既是现代大学的价值定位之一，也是大学创新的根本。大学发展依靠的是科技、经济、人口、自然环境等，社会环境正随着社会的改变而改变，而在经济以及社会的逐渐变化和发展过程中，大学所起到的作用也日益显著，在社会生活中承担着愈发重要的角色。大学服务社会的形式具有多样性。我国大学要做好三个服务：首先，应当服务于区域经济的发展，即大学有必要在受惠于地方政府以及社会之后履行相应的责任以推动区域经济的发展。其次，大学应为现代化的企业提供必要的支持。也就是说，校企之间的合作一方面能够推动大学科研以及人才培养的深入发展，另一方面也将促进企业向着更为先进的方向发展；而具体到大学一方，则有必要兼顾基础性和应用性研究，从而有效保障科技转化的实效性。大学通过直接或者间接的渠道来服务于社会的过程即构成了其创新的价值。最后，大学还应当服务于整个社会的发展与进步。

2. 新时代大学治理的主要动力

产生教育变革的原因是多种多样的，既有政治利益的驱动，也有经济改革动力、文化内驱力以及社会公众的合理性诉求等。事实上，各种不同的力量在整合并促进着以教育市场化为方向的大学治理变革。下面主要从现实压力、经济推动力、意识形态动力等多方面来考察大学治理的推动力量。

（1）现实压力

时代的发展给大学带来了许多问题，高等教育的不断扩张也导致政府财政拨款困难。为了解决大学发展所面临的问题，为了减轻财政的负担及确保公共资源的有效利用，世界许多国家纷纷对高等教育体制进行改革，逐渐调整以往由政府主导高等教育的方式，解除对公立、私立大学的各种制约，赋予高等教育机构更大的自主空间。这些国家也将市场机构引入高等教育，让竞争引导高等教育机构积极响应市场的需求，以增强弹性，提高效率。这股高等教育"市场化"的浪潮席卷了欧美各国，并向东亚蔓延，成为主导新世纪高等教育发展最主要的力量之一。

显然，如果实施得当，市场化一般能大幅度提升效率，同时会保持甚至改善公共服务的水平和质量。市场化是改进政府机构生产率的根本战略之一。高等教育市场化能够引发私人产权、市场和竞争的力量，从而为公民提供更有效率的教育服务。近年来，我国高校的招生规模不断扩大，有些学校、院系的学生人数已经达到了饱和状态，甚至超负荷。而实际上，大量的教育资源仍然处于闲置或半闲置状态，没有得到充分利用。与招生规模不断扩大形成巨大反差的是教育质量有不断下滑的现象和趋势，在社会上造成了一定的负面影响。而且，我国高等教育具有明显的国家垄断性质，公立高等教育内部存在着很大的保守性，办学的质量和效益低下，不能适应社会主义市场经济发展的需要，大学治理被视为改进高等教育管理和提高服务效率的关键。

（2）经济推动力

消费者对教育服务的支付能力日益提高，他们对这些服务的需求超出了政府的提供能力。这些正是私人供应商通过市场机制可以提供的东西。简言之，经济因素正在减少人们对政府物品和服务的依赖，市场力量正在改变教育构成要素的供需条件，这意味着更多的公民可以管理自己的教育事务，更多的人可以供孩子上私立学校就读甚至自我教育，而不是非到公立学校不可，他们更乐于接受民营化方式来满足需求。

我国市场经济的发展推动了教育事业的蓬勃发展。正是因为党和国家历来重视教育，才使教育在市场经济的影响下，取得了长足的发展。我国的改革开放取得了令人瞩目的巨大成就，经济持续健康发展，综合国力显著增强，中国的国际地位进一步提升，日益走近世界舞台中央。改革开放以来，人民群众获得了实实在在的权益，生活水平也在逐年提高，中国逐步实现了由温饱不足到总体小康并向全面小康迈进的历史性跨越。改革开放以来，我国教育也发生了巨大的变化，在发展程度上，我国已建成了世界上最大规模的教育体系，大中小幼纵向贯通，公办教育与民办教育共同发展，学历教育与非学历教育立体交叉，出国留学与来华留学同步扩大。改革开放以来，国家通过实施中小学"校安工程"、贫困地区学校"改薄工程"、农村义务教育学生营养改善计划等重大项目，改善学校办学条件，让所有孩子都能"有学上""上好学""不失学"，全国81%的县实现了县域义务教育基本均衡。大力提升教育公平和质量，为人民群众提供更多的教育获得感，始终是我国教育不变的价值追求。

（3）意识形态动力

从政治、经济哲学角度看问题的人崇尚自由、正义和效率，他们认为三者都必不可少，并且相互之间联系密切。基于政治、经济哲学的考虑，人们力图削弱政府的作用，增强私营部门的作用。反映在教育领域，这就是教育的市场化或者民营化，但政府对教育活动有着巨大的影响。这不可避免地意味着，影响教育活动的政府决策如教育规制等，常常是基于政治、经济角度考虑而非从教育活动本身出发。在我国，党和国家历来重视教育。建设中国特色社会主义这一伟大事业需要人才。党的十八大报告指出："广开进贤之路，广纳天下英才，是保证党和人民事业发展的根本之举。要尊重劳动、尊重知识、尊重人才、尊重创造，加快确立人才优先发展战略布局，造就规模宏大、素质优良的人才队伍，推动我国由人才大国迈向人才强国。统筹推进各类人才队伍建设，实施重大人才工程，加大创新创业人才培养支持力度，重视实用人才培养，引导人才向科研生产一线流动。充分开发利用国内国际人才资源，积极引进和用好海外人才。加快人才发展体制机制改革和政策创新，建立国家荣誉制度，形成激发人才创造活力、具有国际竞争力的人才制度优势，开创人人皆可成才、人人尽展其才的生动局面。"[1]

党的十八大以来，以习近平同志为核心的党中央高度重视教育工作。习近平总书记对教育工作作出了一系列重要部署，发表了一系列重要论述，深刻阐释了"培养什么样的人、如何培养人、为谁培养人""办什么样的教育、

---

[1] 胡锦涛. 坚定不移沿着中国特色社会主义道路前进 为全面建成小康社会而奋斗——在中国共产党第十八次全国代表大会上的报告（2012年11月8日）[M]. 北京：学习出版社，2012：53.

怎样办教育、为谁办教育"等重大理论和实践问题，丰富和发展了中国特色社会主义教育理论。

党的十九大报告强调建设教育强国是中华民族伟大复兴的基础工程，要求全面贯彻党的教育方针，落实立德树人根本任务，发展素质教育，推进教育公平，培养德智体美劳全面发展的社会主义建设者和接班人。

（4）商业动力

对大学治理的进一步支持源于商业利益。一些私人团体看中投资大学所带来的商业机会，这一被政府长期垄断的行业无疑是非常具有诱惑力的。在当今社会，知识的性质已发生了改变。知识不再是利奥塔（Jean-François Lyotard）所说的"宏大叙事"，它成为一种资源，和土地、劳动力、资本与管理一起成为影响生产力的一个重要因素，在经济竞争中占据着核心地位。知识已取代资本成为当今社会最有价值的东西，从而导致高等教育成为商品，学校只有提供优良的、多样化的教育服务，满足学生和家长这些特殊"顾客"的个性化消费，才能在激烈的竞争中立于不败之地。私人资本从中看到了创新潜力，这些企业和资产投资于教育领域将会有更好的前景。基于上述，商业力量成为大学治理的积极支持者。

（5）信息技术动力

从20世纪80年代开始，特别是90年代以来，以互联网为核心的信息技术的迅猛发展，使全球正成为一个网络社会。在网络社会中，时间和空间变得越来越容易操作和控制，吉登斯（A. Giddens）称这种现象为时空压缩，它将迫使人类的行为发生重构。以前，教学主要是通过面对面的方式来进行的，如今，网上课程、虚拟学校开始出现，除了学校，家里、办公室等也成了学习场所，网络使学习时间、内容、方式等方面具有弹性成为可能。这大大改变了以往的教育服务提供方式，除政府之外，更多的提供主体参与进来，并发挥越来越大的作用。大学治理在应用了"互联网+"技术手段之后产生了一定的优势，经过不断地实践与创新，将充分融入教育管理工作。

（6）新时代的新矛盾与新机遇

①新时代的新矛盾

党的十九大报告明确指出，我国社会主要矛盾已经转化为人民日益增长的美好生活需要和不平衡不充分的发展之间的矛盾。主要矛盾的转化，不是完全地改变，而是在原有基础上的进化，因此，该提法与之前的提法不能完全割裂。美好生活的需要并不是说不再满足物质文化需要，改变"落后社会生产"的提法也并不意味着我们的社会生产已经达到了很高的水平，不再需要发展，而是强调在我国社会生产能力水平总体显著提高、很多方面进入世界前列的情况下，发展的突出问题表现为"不平衡不充分"，社会主义建设任务依然是进一步解放生产力，发展生产力，逐步实现社会主义现代化，并且为此而改革生产关系和上层建筑中不适应生产力发展的方面和环节。与之前相比，根本任务的关注点及实现形式会发生变化，从而给党和国家工作带来重要影响：人民的美好生活需要为发展提供了新的动力；人民多方位多层次的需要为党和国家的工作指明了方向；不平衡不充分为高质量发展提出了新的要求。因此，高等教育也同样面临着新矛盾下的新要求。

②新时代的新机遇

这个时代是继往开来、承上启下的，它是在新的历史条件下继续夺取中国特色社会主义伟大胜利的新时代。中国特色社会主义发展历程可以分为三个阶段：第一个阶段是从党的十一届三中全会到党的十五大，形成和确立了邓小平理论，改革开放政策解决了人民的温饱问题，人民生活总体达到小康水平；第二个阶段是从党的十五大到党的十七大，形成和确立了"三个代表"重要思想，小康社会开始全面建设；第三个阶段是从党的十八大以来至今，形成和确立了习近平新时代中国特色社会主义思想，全面建成了小康社会。新时代掀开了全面建设社会主义现代化国家的新篇章。这个时代是我们党全面发展社会主义现代化强国的新时代，是人民建造美好家园、实现共同富裕的新时代，是全体中华儿女勠力同心去实现中华民族伟大复兴中国梦的新时代，是我国日益走近世界舞台中央、不断为人类做出更大贡献的新时代。党的十八大至今，中国的经济实力迅猛提升，总体稳居世界第二，对世界的经济总量起到至关重要的作用，成为推动世界经济发展的重要力量。

随着新时代的到来，我国将建设成为创新型国家，构建不同领域发展强国，并逐步确立数字中国与智慧社会的发展目标。这就要求大学积极承担起中国特色社会主义建设的时代重担,在习近平新时代中国特色社会主义思想的指引下,把握历史发展机遇,不断加强教育体制改革,积极推动大学治理现代化,实现高等教育事业内涵式、跨越式发展,打造现代化高校,更充分地满足个体和社会以及高校自身发展的需要,为国家和社会培养德智体美劳全面发展的人才。

二、人本理念的时代必然

随着经济的发展,国家越来越重视高等教育的发展,高等教育管理模式已不适应现代化发展的需要,创建新的管理模式已迫在眉睫。以人为本的现代化大学治理理念被管理者唤醒,渗透到教育管理的各个环节,从而不断促进大学治理水平的提升,实现我国高等教育的长远发展。

(一)人本理念的历史脉络

要深刻领悟以人为本思想,就离不开其思想形成和演进的内在逻辑,更离不开这一思想在特定历史时期的发展理路。通过对以人为本思想的渊源与历史的考察,能够为我们理解和运用这一思想创造理论条件。笔者主要从我国传统文化、西方哲学和马克思主义的人本思想的历史发展中汲取养料,从而实现对以人为本思想的深刻认识。

1. 我国传统文化中的民本思想

要考察以人为本思想的历史源流,离不开中国哲学中的民本思想。中国哲学中的民本思想主要体现在我国古代朴素的哲学思想中。它的表述虽然没有那么明确,但是,我们还能够在字里行间找到以人为本思想萌芽的痕迹。

在我国古代,最早提出"以人为本"一词的是管仲,他生活在春秋时期的齐国。管仲在《管子·霸言》这样写道:"夫霸王之所始也,以人为本。本理则国固,本乱则国危。"当然了,管仲这里所说的"以人为本"还是从君王与民众的关系角度来论述的,他由于看到了人民群众对国家安定团结的重要性,才阐发了这一思想。生活在春秋时期的另一位思想家孔子也认识到了人民的重要性,极力主张君王治理天下一定要做到"为政以德"。儒家思想的另一个重要人物孟子尤其看重民众在历史发展中的作用,他提出"民为贵,社稷次之,君为轻"(《孟子·尽心下》)的主张。荀子也是从君王与民众的关系角度阐述了他的民本思想,认为:"君者,舟也;庶人者,水也。水则载舟,水则覆舟。"(《荀子·王制》)墨家思想的创始人墨子也主张身为君王一定要"先万民之身,后为其身"(《墨子·兼爱(下)》)。西汉著名的政治家贾谊在对农民起义的深刻反省中也认识到:"为君之道,必须先存百姓。若损百姓以奉其身,犹割股以啖腹,腹饱而身毙。"(《贞观政要》)此外,在我国古代的许多典籍里,都曾对民本思想进行过论述,如"王者以民为天"(《汉书·郦食其传》)、"治国有常,而利民为本"(《淮南子·氾论训》)、"安民则惠,黎民怀之"(《尚书·皋陶谟》)、"知小民之依,能保惠于庶民"(《尚书·无逸》)等。这都体现了以民为中心的管理价值取向,强调在治理国家时,要察民情,顺民意,以民为本,国家才能长治久安,才能繁荣富强。这些"贵民""重民"的民本思想被传承下来,并随着历史的发展,逐渐积淀成了我国传统文化的主流,且还不断地被赋予新的内涵。我国民主革命时期,在先驱孙中山先生的倡导下,民本思想被发展成为反对封建专制统治的三民主义。这些民本思想就充分体现了"以人为本""以人为中心"的价值取向,与我们说的人本思想是一脉相承的。

从以上对我国传统文化中民本思想的考察可以看到,我国古代的民本思想具有一定的历史进步意义。在封建统治者专制的时期,这些思想家能够发现人民群众的重大历史作用,并且向统治者提出以民为本的思想,这一点是值得我们称赞和肯定的。这些思想一直影响着我国传统文化的发展,为近代中国结束封建专制统治奠定了思想基础。

2. 西方哲学中的人本思想

在西方哲学史上,伟大的哲学家们很早就开始关注人的问题,"人"在西方哲学史中的地位经历了从人被发现到人被隐藏、人被唤醒再到人被高扬这样一个过程。在这个过程中,人始终没有退出哲学历史的舞台,关于人的价值和人的主体性问题一直都以各种形式被认识和被论证着。西方社会人本思想的产生和发展大致经历以下几个阶段。

(1)古希腊哲学中启蒙的人本思想

西方哲学的源头——古希腊哲学引领着西方哲学发展的主要流向。古希腊哲学中对人的问题十分关注，它为人本主义的思想开启了一扇通往澄明之境的窗户，为以后西方人本思想的发展奠定了坚实的基础，可以说，古希腊哲学是西方人本思想的启蒙导师。

在古希腊哲学家中，第一个发现"人"的应该是普罗泰戈拉（Protagoras）。他在人类思想史上留下了一句千古箴言："人是万物的尺度，是存在者存在的尺度，也是不存在者不存在的尺度。"[①] 从这个论断中我们可以看出，他把人作为评判事物的尺度，人可以根据自己的感觉来认识事物。在人与外物相对时，人是本位、是主体。这种观点充分体现了他试图提升人的地位，肯定人自身的价值的一种尝试。古希腊另一位伟大的哲学家苏格拉底（Socrates）同样关注人。他继续发展普罗泰戈拉的人本思想，认为作为思维者的人才是万物的尺度。苏格拉底通过德尔菲神庙的神谕向人们传达他的思想，即人要通过对自身的反省来认识人自己，并且告诫"人应当知道自己无知"，人要通过不断地认识自己来丰富自己。苏格拉底的哲学颠覆了古希腊人是神的一个附庸的正统观念，他关于认识人自身的思想几千年来一直影响着西方哲学的发展。虽然他的出发点是唯心主义的，但是他对人的理性的肯定仍然具有重大的意义。他的学生柏拉图（Plato）继续发展了人学思想。他把目光返回到人的心灵深处，认为心灵本身就是认识神圣事物的源泉，人可以通过回忆把心灵深处的意识唤醒。[②] 从以上古希腊这些哲学家对人以及人的理性、人的自身内省的关注来看，我们已经能够看到人作为一个思维着的存在物应该不断提升自己的地位。

古希腊哲学研究的主要是宇宙问题，即本体论问题，他们关注的是万事万物的规律。而在许多人都把目光投向苍茫的宇宙时，有这样一些哲学家则把目光转向了渺小的人类自身，并且发现了人应该是最值得被关注的、被认识的对象。在面对宇宙，面对强大的诸神的时候，希腊人并没有在神的光环下迷失自己，而是开始了关于人自身价值的探索。这是古希腊哲学最伟大最闪光的所在。

---

① 北京大学哲学系外国哲学史教研室. 西方哲学原著选读（上卷）[M]. 北京：商务印书馆，1981：54.
② 北京大学哲学系外国哲学史教研室. 西方哲学原著选读（上卷）[M]. 北京：商务印书馆，1981：76-81.

(2) 中世纪哲学中潜隐的人本思想

西方常常把中世纪称为黑暗的中世纪或黑暗的千年。在这一时期，基督教成了主宰一切的权威，基督教的思想也就成了统治思想，阐释基督教观点的经院哲学也堂而皇之地成了这一时期的正统哲学，而哲学则沦为了神学的"婢女"。中世纪的天空一直被阴霾笼罩着，正如马克思所说："中世纪完全是从野蛮状态发展而来的。它把古代文明、古代哲学、政治和法学一扫而光，以便一切都从头做起。它从没落了的古代世界接受的唯一事物就是基督教和一些残破不全而且丧失文明的城市。"[1]

在黑暗的中世纪，人在上帝施舍的虚幻的天国里迷失了自己。他们只能匍匐在万能的上帝的脚下，或躲到慈爱的上帝的怀里忏悔自己犯下的种种罪恶。此时，宗教神学彻底统治了人的思想，神的地位完全取代了人的地位。上帝成了一切善的化身，人只能蜷缩在内心罪恶的角落里不断忏悔自己的罪孽，希望能够得到上帝的宽恕，祈求来世能够在天国里享受幸福。中世纪的人们不满足于现世的人的存在状态，而祈求来世能够过上幸福的生活，他们在虚幻的彼岸世界为自己虚构出了一个万能的上帝，认为在上帝的庇护之下就能实现今生无法实现的理想。他们的这一做法是想通过舍弃今世现实的自由和尊严来换取永世的安逸与自由。可见，在黑暗的中世纪，人们也没有放弃为自己争取生存权利，人的主体性只是以一种潜隐虚幻的状态存在着。

(3) 文艺复兴后复归的人本思想

随着资本主义生产关系的萌芽和发展，旧的教会和封建主相勾结的统治即将走向终结。从意大利开始，掀起了一场代表资产阶级意识的文艺复兴运动。这场运动后来逐渐席卷了整个欧洲。倡导文艺复兴的人文主义者揭开了蒙在上帝头上的面纱，戳穿了教会罪恶的行径和丑恶的嘴脸，从而使人又从天国回到了人间。他们高扬人的理性，把人看作是自己的主宰，从而结束了上帝主宰人的灵魂的千年历史。文艺复兴的思潮使人们从顺从神的意志中觉醒过来，人开始独立思考自己，开始寻找生活的意义，开始发现自我价值。人文主义者们反对宗教神学对人的生命的否定，号召人们

---

[1] 中共中央马克思恩格斯列宁斯大林著作编译局. 马克思恩格斯全集（第10卷）[M]. 北京：人民出版社，1998：482.

回归自我,尊重人作为人本身的生命价值。他们向宗教的戒律大声高呼:"我不想变成上帝,或者居住在永恒中,或者把天地抱在怀抱里。属于人的那种光荣对于我就够了,这是我所祈求的一切。我自己是凡人,我只要求凡人的幸福。"[①]在文艺复兴凯歌行进之中,中世纪的阴霾渐渐散去,人重新回到了"人"本身,人的个体意识开始再次萌动。

(4)近代哲学中高扬的人本思想

西方近代哲学中,对人的主体地位进一步加以肯定和高扬。开创近代人本主义哲学先河的法国哲学家笛卡尔(Rene Descartes)提出了一个重要的命题,即"我思故我在"。这是他向宗教神学宣战的最响亮口号,承认了人的思维具有至上性。德国古典哲学同样十分关注人的主体问题。费希特(J. G. Fichte)就曾认为:"自我设定自我与非我",人是判断的标准。康德(I. Kant)进一步发展了费希特的思想,认为人只能是目的,而不能是手段,"人为自然立法"。他始终关心一些和人有关的问题,使人的地位再一次被提升,并肯定了人具有创造性。到了黑格尔(G. W. F. Hegel)那里,他开始关注人的自由问题,尤其强调人的精神自由。他认为符合"内在的必然性就是自由"。德国哲学家费尔巴哈(L. A. Feuerbach)不满意黑格尔的绝对精神,而从抽象的人出发,发展了人本思想。在费尔巴哈看来,上帝是人自己创造的偶像,他只是人的本质的异化。人与上帝之间具有共同的本性,都是人的类本质的体现。但是,费尔巴哈所理解的人只是抽象的自然人,是从人的生物属性角度理解人的,因此,他的关于人的观点具有一定的抽象性。

西方近代哲学家们都试图从不同的角度来确定人的存在,但是,他们都存在一个很大的缺陷,那就是把人看作是抽象的存在物,他们所考察的人只是理性的人、政治的人、自然的人,是一个脱离现实的人,这些思想家都忽略了人之所以为人的社会属性。因此,他们所看到的人只是人的抽象精神或意识,而不是有血有肉的生活在社会中的现实的人。

---

① 王世珍. 略论欧洲文艺复兴时期人文主义思想[J]. 沈阳教育学院学报, 2003 (02): 14-17.

3. 马克思主义人本思想

（1）马克思、恩格斯的人本思想

以人为本是一种思想观念，也是在这一思想观念指导下的人对人的一种态度，即把人（包括人和人的集体）的整体利益（包括现实的、眼前的利益和长远的利益）作为我们一切行动的准则。

马克思、恩格斯从创立唯物史观起，自始至终都在关注"人"这一重要问题，马克思、恩格斯提出，全部人类历史的第一个前提无疑是有生命的个人的存在，他们的唯物史观中"以人为本"思想的诞生，是以一定的社会环境为背景，紧密地关注了社会历史发展中的主体"人"的地位和作用。马克思、恩格斯的唯物史观强调，人是社会历史活动的承载者、推动者和实现者。马克思、恩格斯将全人类的前途和命运作为毕生的研究宗旨，他们关注人的自由、全面的发展，关注全人类的解放事业。从根本意义上讲，"以人为本"思想体现了人类理想的未来社会发展宏图。

19世纪诞生了以费尔巴哈为代表的人本主义学说，他认为以自然为基础的现实的人是哲学的最高对象，新哲学的任务就是要认识人及其本质。在这个意义上，费尔巴哈强调了人与自然界在本质上的同一性，这与马克思主义以人为本的思想在目标上应该说是一致的，就是都把人类作为人类一切活动的最高出发点和最后的落脚点，并以此来处理人与人之间、人与社会、人与自然之间的各种关系。马克思、恩格斯认为："我们的出发点是从事实际活动的人……"[①]人的发展往往直接或间接地取决于与其交往的周围人的发展，既要尊重每个人的基本要求、合法权益和独立人格，同时又要发挥个人的主观能动性，为个人施展才华提供优良的人际交往环境。但是，这种目标一致的背后又有着本质的区别，人本主义是从抽象的"人"出发来认识、看待和处理这一问题的。以人为本是建立在辩证唯物主义和历史唯物主义基础上的关于人与社会发展的基本观点。正是因为马克思主义把以人为本的思想放在了科学发展的范畴之中，才突出了人的社会历史地位。这些可以通过以下几个方面具体体现出来。首先，马克思主义以人为本的思想要求人与人之间应当相互尊重。不同的个体之间，必定存在着

---

① 中共中央马克思恩格斯列宁斯大林著作编译局. 马克思恩格斯选集（第一卷）[M]. 北京：人民出版社，2012：152.

差异性，当然也存在着共性，人类的共同目标都是通过生活、工作学习、自我价值实现最终达成共存，因此，渴望得到周围人的尊重，是马克思主义人与人关系层面以人为本的基本要求。另外，马克思主义以人为本的思想提倡人与人之间要相互理解。生活环境的不同，成长经历的差别，促使每个人的发展机会和方向是不一样的，个体之间在行为方式、思维方法上会表现出差异性，所以，人与人之间应该相互理解、相互沟通，共同谋求发展。其次，马克思主义以人为本思想提出相互信任是人与人之间和谐共存的内在要求。信任是对他人的一种尊重，是人类日常交往行为中的一项重要原则，同时也是保证人与人和谐相处的关键。最后，马克思主义以人为本的思想推崇人与人之间理应做到相互关心，因为关心是人性真善美的由衷体现，进而揭示了人类文明的进步。

以人为本，建立民主、平等、公正、和谐的社会，是人类的理想，也是社会历史发展的必然。我们所不断追求的理想的社会主义、共产主义社会，就是要把"以人为本"的思想变为现实。正如黄楠森教授所说："前马克思主义的社会主义是人本主义的，而马克思主义的社会主义是科学的社会主义，它把人类社会看成是客观存在，具有自己的客观规律，反对把社会发展归结为人的思想观念的发展。"[①]社会的发展是不以人的意志为转移的，这就是马克思主义的唯物论与人本主义的唯心论在"以人为本"这一问题上的本质区别。所以，我们理应通过人与人之间的相互学习、相互理解和相互欣赏，创造条件使每个人都能得到充分自由的发展，最终达到人类的和谐共存。

（2）马克思主义教育学中的人本思想

自马克思主义传播以来，教育领域开创了以马克思主义为指导进行教育学研究的学术传统，大批具有深远影响的教育理论也随之而来。其中，瑞士著名教育家裴斯泰洛齐（J. H. Pestalozzi）提出"简化的教育"说法，这种简化有助于将民众教育从教育弊病的困境中解放出来——"我尽我所能地工作，简化大众教育的一般形式，使它们成为与流行的教育弊病成功

[①] 黄楠森. 马克思主义与"以人为本"[N]. 北京日报，2004-03-01（004）.

地进行搏斗的最有效的方法"①。裴斯泰洛齐的简化教育方法为人类教育科学理论的发展提供了方法论指导，也体现出这位伟大教育家的教育智慧。德国教育理论家康德在教育的发展方向上则为人们提供了"为了将来的社会才需要教育"的理想。康德认为道德培养是教育的基础；教育具有强制性，但教育的规训并不是奴役性的教育，而要让孩子体会到他自己的自由，教育者必须加以引导，培养人心灵能力的最好办法就是让学生自己去做他想做到的事。而美国哲学家和教育学家杜威（J.Dewey）在开创其实用主义教育思想时提出"教育即生活"与"学校即社会"②。在他看来，教育过程是一个社会经验不断改组和不断转化的过程。教育既然是一种社会生活的过程，那么学校就是社会生活的一种形式。关于教育学的理论可谓众说纷纭，我国著名教育家陶行知在借鉴杜威实用主义教育思想的基础上，探索普及大众教育，创立了"生活即教育"的核心理论。同他的"教以事""知行合一"等观点相结合。陶行知强调在"做"的活动中获得知识，同时"做"是建立在"行"的基础上的，是以"行"求知，强调"行"是获取知识的源泉。这样的思想，实际上是对近现代中国教育理论与实践本土化的尝试。同时，他也使中国教育走向了大众的生活，让我们看到了教育自身的价值。

教育学是马克思人文主义的核心内容，马克思主义教育学的研究应当以教育学原理、教育学规律为核心。当代的马克思主义被历史和实践证明是具有价值的世界观和方法论，因此，我们的教育学应当是坚持以马克思主义为指导的研究。

①以人为本是马克思主义教育学的核心思想理念

在我国教育学理论研究领域，对人的研究基本上集中在心理学、教育哲学和教育人类学三个学科，而由于特定的历史和社会背景，又突出地体现为以马克思主义为指导的鲜明特色。这不仅反映在各种版本的教育学、教育哲学教材中，在谈到教育的前提性假设——人的本质或本性，以及教育的目的——人的全面发展这些教育的基本理论问题时，都是基于马克思主义经典作家的理论或思想，而且体现在直接以马克思主义哲学为理论基

---

① [瑞士]裴斯泰洛齐. 裴斯泰洛齐教育论著选[M]. 夏之莲, 译. 北京: 人民教育出版社, 2001: 445.

② [美]杜威. 杜威三大演讲[M]. 上海: 泰东图书馆, 1920: 114-145.

础的教育哲学对人的研究中。

"从根本上讲，凡教育都是人的教育，因为人类的教育活动和教育事业总是以人为目的、以人为对象、以人为主体、以人为主题的。"[1]研究教育和人的问题实质是把握教育、人、社会和文化之间的关系。我国教育学家胡德海先生曾经提出："教育对人的成长、发展来说，是一种手段、工具；而人的成长与发展对教育来说则是一种目的。教育对社会的发展、进步来说是一种手段、工具，社会的发展与进步对教育来说是一种目的。所不同的是，教育作为促进社会发展与进步的手段和工具，是促进人的成长、发展的结果。在这里，人的成长与发展是社会发展与进步的条件、手段与基础，没有人的成长与发展，社会无法存在与发展，但同时还要看到，人的成长与发展对社会来说也是目的。社会的发展与进步对人的成长与发展来说，既是目的，又是手段。"[2]由此看来，胡德海先生分析了教育和人之间的关系，体现了人是教育的根本出发点和落脚点。

人在教育活动中是学习和成才的主体，教育的目标就是使人在文化内化的基础上实现文化的传承和创新。毋庸置疑，在教育中以马克思主义为指导进行"人"的研究，一方面大大丰富了我们对人的认识，另一方面也为我们进行"人"的研究指明了正确的方向。因此，脱离实际的人谈教育，即失去了教育的价值和意义。教育应当体现人学的概念："教育：人是目的；教育：人之生成；教育：人对人的活动。"[3]

②人的全面发展是马克思主义教育学的价值旨归

几乎所有先进的思想家的社会理想都是基于人的，"每一个成员都能完全自由地发展和发挥他的全部才能和力量"[4]的社会，那是一个以"每个

---

[1] 蔡中宏. 教育与社会发展研究——基于文化和人的视角[M]. 北京：中国社会科学出版社，2013：172.

[2] 胡德海. 教育学原理[M]. 兰州：甘肃教育出版社，1999：310-311.

[3] 蔡中宏. 教育与社会发展研究——基于文化和人的视角[M]. 北京：中国社会科学出版社，2013：174.

[4] 中共中央马克思恩格斯列宁斯大林著作编译局. 马克思恩格斯全集（第42卷）[M]. 北京：人民出版社，1979：373.

人的全面而自由的发展为基本原则的社会形式"[1]，在那里，"每个人的自由发展是一切人的自由发展的条件"[2]。与社会的发展相比，人的全面而自由发展是基本原则。教育学应该以这种以人为本、以人的发展为本的思想为基本原则。教育发展追求的理想和目标与社会发展追求的理想和目标紧密联系。人的全面发展不仅是教育发展的理想和目标，也是社会发展的理想和目标，而且是社会发展的理想和目标与教育发展的理想和目标高度统一的理想和目标，很难说它首先是教育发展的理想和目标还是社会发展的理想和目标。人的全面发展是不同社会及其教育共同追求的理想，这说明人的全面发展是人类的共性，不是某些社会和某些人的追求和特征。马克思、恩格斯有关教育学的思想是长期立足于人的学说和在教育人中进行的，这些既是对我国以马克思主义为指导进行教育研究的重新审视和反思，也是时代精神和学术发展对教育学关于人的认识的理论呼唤。

在教育事业里，"人的全面发展"和"以人为本"是一种共同的价值导向，二者所倡导的都是尊重人的自身发展，实现人的最终价值。"如果说，人的本质力量是人的自觉自为，那么教育则凸现出对这个自觉自为生命体的不断生成与和谐完整地发展的动力特性，这一特性要求我们的教育必须从传统的知识性教育向发展性教育转变，以人的全面发展作为根本目的和理想追求。"[3]因此，教育事业是以个体发展为基础，以社会进步为主导的社会事业。[4]

马克思主义理论的当代价值已日益凸现，坚持教育为社会主义现代化建设服务、为人民服务的理念，这是我们党确立的教育根本宗旨；培养德智体美劳全面发展的社会主义建设者和接班人，这是我们党明确的教育主要目标；始终走与生产劳动和社会实践相结合的道路，这是我们党指明的

---

[1] 中共中央马克思恩格斯列宁斯大林著作编译局. 马克思恩格斯选集（第二卷）[M]. 北京：人民出版社，1995：239.

[2] 中共中央马克思恩格斯列宁斯大林著作编译局. 马克思恩格斯选集（第一卷）[M]. 北京：人民出版社，2012：422.

[3] 蔡中宏. 教育与社会发展研究——基于文化和人的视角 [M]. 中国社会科学出版社，2013：238.

[4] 蔡中宏. 教育与社会发展研究——基于文化和人的视角 [M]. 中国社会科学出版社，2013：238.

教育根本途径。

（二）人本理念的时代内涵

人的发展是社会发展的基础，也是社会发展的主题和核心。中国共产党的人本思想是马克思主义人本思想在中国的具体运用，是马克思主义的重要组成部分，对于当前的改革开放和社会主义现代化建设，以及人的自由而全面发展，都具有重要的意义。

1. 毛泽东的人本思想

中国传统民本思想主张爱民、重民，在客观上保护了民众的利益，缓和了社会矛盾，有其积极内涵。但传统民本思想始终没有赋予人民以政治权利的思想内涵，因而也不可能发展为民主思想。但中国传统文化中的民本思想为毛泽东接受马克思主义人本思想提供了一个生长点。毛泽东曾经说过："世间一切事物中，人是第一个可宝贵的。在共产党领导下，只要有了人，什么人间奇迹也可以造出来。"[①]这与中国传统的民本思想是一脉相承的。毛泽东对传统民本思想加以吸收和改造，并赋予其新的内容和意义，形成了全新的民本理论，这些都体现在毛泽东"服务于民"的人本思想内涵中。

第一，人民群众是历史主体、政治主体和权利本源的统一。"人民，只有人民，才是创造世界历史的动力。"[②]这是毛泽东关于人民群众历史作用的至理名言，也是他人本思想的基点。

第二，服务于民的人本思想。"全心全意地为人民服务，一刻也不脱离群众；一切从人民的利益出发，"[③]毛泽东要求，"共产党人的一切言论行动，必须以合乎最广大人民群众的最大利益，为最广大人民群众所拥护为最高标准。"[④]

第三，以人民民主思想为核心的人本思想。1945年7月，在与黄炎培先生讨论如何跳出"其兴也勃焉，其亡也忽焉"的历史周期律问题时，毛泽东回答说："我们已经找到新路，我们能跳出这周期律。这条新路，就

---

① 毛泽东. 毛泽东选集：第四卷[M]. 北京：人民出版社，1991：1512.
② 毛泽东. 毛泽东选集：第三卷[M]. 北京：人民出版社，1991：1031.
③ 毛泽东. 毛泽东选集：第三卷[M]. 北京：人民出版社，1991：1094.
④ 毛泽东. 毛泽东选集：第三卷[M]. 北京：人民出版社，1991：1096.

是民主。只有让人民来监督政府,政府才不敢松懈。只有人人起来负责,才不会人亡政息。"①

第四,追求人的解放和人的全面发展。毛泽东认同《共产党宣言》关于"每个人的自由发展是一切人的自由发展的条件"②的思想,提出了"解放个性"的口号,强调"被束缚的个性如不得解放,就没有民主主义,也没有社会主义"③。他领导中国人民推翻了压在中国人民头上的"三座大山","保障广大人民能够自由发展其在共同生活中的个性"④,为人的全面而自由发展创造了条件。

2. 邓小平的人本思想

邓小平在和平与发展成为时代主题的历史条件下,在改革开放和社会主义现代化建设新的伟大实践中,对传统的社会主义道路进行了深刻的反思,并在实践中不断解放思想、实事求是,把毛泽东构建的人本思想推向了新的高度。其人本思想有如下特点:

其一,坚持人民利益至上,以人民群众为主体的人民本位思想。在"社会主义道路选择之后,党和国家的工作重点是什么"这个重大决策问题上,邓小平态度鲜明地坚持发展生产力,不断强调:"在社会主义国家,一个真正的马克思主义政党在执政以后,一定要致力于发展生产力,并在这个基础上逐步提高人民的生活水平。"⑤在这里,他把发展生产力这一决策同"为人民"联系起来。此外,对社会主义本质问题的认识,他做出了正确的判断:"社会主义的本质,是解放生产力,发展生产力,消灭剥削,消除两极分化,最终达到共同富裕。"⑥他在对"什么是社会主义"这一问题的把握上,一个最基本的尺度就是"最广大人民群众的根本利益"。1992年初,邓小平在改革开放的新实践中提出了"三个有利于"的判断标准,同时还提出了要以"人民拥护不拥护、人民赞成不赞成、人民高兴不高兴、人民答应不答应"

---

① 中共中央文献研究室. 毛泽东年谱(1893—1949)(中卷)[M]. 北京:中央文献出版社,2013:611.
② 马克思,恩格斯. 共产党宣言[M]. 北京:人民出版社,2014:51.
③ 中共中央文献研究室. 毛泽东书信选集[M]. 北京:中央文献出版社,2003:216.
④ 毛泽东. 毛泽东选集:第三卷[M]. 北京:人民出版社,1991:1058.
⑤ 邓小平. 邓小平文选:第三卷[M]. 北京:人民出版社,1993:28.
⑥ 邓小平. 邓小平文选:第三卷[M]. 北京:人民出版社,1993:373.

作为制定一切方针政策和作出决断的出发点和归宿，不仅将人民群众置于社会主义的价值主体地位，同时还视为社会主义的评价主体，体现了人民利益至上的价值观。

其二，人的解放思想。邓小平总结社会主义建设的经验教训，认为社会主义的根本任务是发展生产力，只有解放和发展生产力，才能为人的经济解放创造物质条件。为发展生产力，邓小平提出了解放思想、实事求是的思想路线。同时，邓小平在提倡解放人的思想基础上，大力提倡解放人的个性。他以改革的思路激励一部分人通过自己的努力，依靠自己的诚实劳动先富起来；制定切实可行的政策，使优秀人才脱颖而出。这说明人的个性的解放是邓小平人本思想的核心所在。另外，邓小平十分重视制度建设，针对计划经济存在的弊端，他充分发挥制度在人的解放中的积极作用，把社会主义与市场经济结合起来，提出了社会主义也可以搞市场经济的论断，这就为社会主义初级阶段人的个性解放提供了制度保证。"尽管市场经济不可能彻底完成解放个性的任务，但它毕竟为人的个性解放了必要的社会环境。这应该是邓小平对人的个性解放理论作出的最突出的贡献。"[1]

其三，人的全面发展思想。邓小平把马克思主义关于共产主义新人的理论同社会主义现代化建设的具体实际结合起来，提出培养"四有"新人的实践目标。邓小平关于"尊重知识，尊重人才"[2]的论述，关于提高人的素质的论述、关于人的价值的论述、关于精神文明的论述等，都与培养"四有"新人，促进人的全面发展密切相关。

其四，人权思想。邓小平高度重视从制度、法律入手保护公民合法权益、保障人民群众的民主权利。他提出要"切实改革并完善党和国家的制度，从制度上保证党和国家政治生活的民主化、经济管理的民主化、整个社会生活的民主化"[3]。

3. 江泽民的人本思想

以江泽民同志为核心的党的第三代领导集体在科学判断我党历史方位、

---

[1] 王英. 关于邓小平人学思想的思考 [J]. 成都行政学院学报（哲学社会科学），2005（04）：55-56.
[2] 邓小平. 邓小平文选：第二卷 [M]. 北京：人民出版社，1994：40.
[3] 邓小平. 邓小平文选：第二卷 [M]. 北京：人民出版社，1994：351-352.

历史任务的前提下,根据我们党执政后世情、党情和国情的变化,提出了"三个代表"重要思想,丰富并发展了毛泽东、邓小平的人本思想。江泽民明确指出:"人民,只有人民,才是我们工作价值的最高裁决者。"[1]他还进一步强调:"在任何时候任何情况下,都必须坚持党的群众路线,坚持全心全意为人民服务的宗旨,把实现人民群众的利益作为一切工作的出发点和归宿。"[2]因此,他要求:"党的一切方针政策,都要以是否符合最广大人民群众的利益为最高标准,以最广大人民群众满意不满意为根本准则。"[3]这体现了凝重的人民性和鲜明的人本思想色彩。其人本思想的基本内涵大致包括以下两大方面。

(1)以人民为价值取向的"三个代表"重要思想

第一,"我们党要始终代表中国先进生产力的发展要求,就是党的理论、路线、纲领、方针、政策和各项工作,必须努力符合生产力发展的规律,体现不断推动社会生产力的解放和发展的要求,尤其要体现推动先进生产力发展的要求,通过发展生产力不断提高人民群众的生活水平。"[4]这代表先进生产力发展的要求,是为了满足人民群众不断增长的物质生活的需要。"三个代表"重要思想高度重视生产力的发展,要求党成为先进生产力的代表,把发展作为执政兴国的第一要务。江泽民总结国际国内形势发展的变化,深刻指出:"我们党在中国这样一个经济文化落后的发展中大国领导人民进行现代化建设,能不能解决好发展问题,直接关系人心向背、事业兴衰。"[5]

第二,"我们党要始终代表中国先进文化的前进方向,就是党的理论、路线、纲领、方针、政策和各项工作,必须努力体现发展面向现代化、面向世界、面向未来的,民族的科学的大众的社会主义文化的要求,促进全民族思想道德素质和科学文化素质的不断提高,为我国经济发展和社会进

---

[1] 中共中央文献研究室. 江泽民论有中国特色社会主义(专题摘编)[M]. 北京:中央文献出版社,2002:638.

[2] 江泽民. 全面建设小康社会,开创中国特色社会主义事业新局面——在中国共产党第十六次全国代表大会上的报告[N]. 人民日报,2002-11-09.

[3] 江泽民. 江泽民文选[M]. 北京:人民出版社,2006:445.

[4] 江泽民. 论"三个代表"[M]. 北京:中央文献出版社,2001:153.

[5] 江泽民. 江泽民文选:第三卷[M]. 北京:人民出版社,2006:538.

步提供精神动力和智力支持。"① 江泽民指出："因为我们党是代表先进文化的前进方向的,所以全党同志必须始终坚持马克思主义为指导,努力继承和发展中华民族的一切优良文化传统,努力学习和吸收一切外国的优秀文化成果,从而不断地创造和推进有中国特色社会主义文化,使社会主义物质文明和精神文明协调发展,使社会全面进步;……"②"三个代表"重要思想对中国先进文化进行了科学概括,这就是"以马克思主义为指导,以培育有理想、有道德、有文化、有纪律的公民为目标,发展面向现代化、面向世界、面向未来的,民族的科学的大众的社会主义文化"③。在文化建设上,我们只有代表中国先进文化发展的方向,才能满足人民群众精神生活的需要。党要成为中国先进文化前进方向的代表就必须始终把推进文化建设,提高人民思想道德素质和科学文化素质作为党领导社会主义现代化建设的战略任务,在致力于发展生产力的同时,把文化建设摆到更加突出的地位,使社会主义社会成为一个全面发展、全面进步的社会。党领导发展生产力,繁荣文化,归根结底也都是为实现人民群众的根本利益提供强大的物质文化基础。

第三,"我们党要始终代表中国最广大人民的根本利益,就是党的理论、路线、纲领、方针、政策和各项工作,必须坚持把人民的根本利益作为出发点和归宿,充分发挥人民群众的积极性主动性创造性,在社会不断发展进步的基础上,使人民群众不断获得切实的经济、政治、文化利益。"④ 代表中国最广大人民的根本利益,才能得到人民的拥护。"三个代表"重要思想直接地坚持了马克思主义中代表最广大人民根本利益的基本点,显示了"三个代表"重要思想突出了人民群众根本利益的重要地位,展现了其鲜明的人本思想价值取向。

（2）人的全面发展的新思想

江泽民指出："我们建设有中国特色社会主义的各项事业,我们进行

---

① 江泽民. 论"三个代表"[M]. 北京：中央文献出版社,2001：157.
② 江泽民. 论"三个代表"[M]. 北京：中央文献出版社,2001：3.
③ 中央文献研究室. 江泽民论有中国特色社会主义（专题摘编）[M]. 北京：中央文献出版社,2002：44.
④ 江泽民. 论"三个代表"[M]. 北京：中央文献出版社,2001：160-161.

的一切工作，既要着眼于人民现实的物质文化生活需要，同时又要着眼于促进人民素质的提高，也就是要努力促进人的全面发展。"[1]这一论断揭示了建设社会主义新社会的进程就是推进人的全面发展的进程，指明了发展社会主义物质文明、精神文明和政治文明的人本思想的价值取向，是对马克思主义的人的全面发展思想的升华，体现了人本思想的新发展。

第一，人的全面发展是物质和精神的全面发展。人的全面发展，不仅表现为经济利益的实现，而且表现为政治利益、文化利益的多方面权利和需求的实现。江泽民强调："要努力提高全民族的思想道德素质和科学文化素质，实现人们思想和精神生活的全面发展。"[2]思想和精神生活的全面发展，这是人的内在发展。物质生活和精神生活的发展，即外在发展和内在发展是对立统一的关系，二者在社会实践的基础上高度统一。

第二，人的发展是人的发展和社会发展的统一。马克思主义认为，人的发展与社会的发展应是相辅相成、和谐统一的，并最终把人的发展看作是衡量一切社会发展的标尺。江泽民在汲取马克思这些思想的基础上，指出："推进人的全面发展，同推进经济、文化的发展和改善人民物质文化生活，是互为前提和基础的。人越全面发展，社会的物质文化财富就会创造得越多，人民的生活就越能得到改善，而物质文化条件越充分，又越能推进人的全面发展。"[3]这里他特别强调人的发展和社会的发展之间不是包含关系，不是主次关系，而是互为前提和基础的关系。

第三，人的全面发展是一个历史过程。江泽民阐述了人的全面发展的历史性，指出："社会生产力和经济文化的发展水平是逐步提高、永无止境的历史过程，人的全面发展程度也是逐步提高、永无止境的历史过程。这两个历史过程应相互结合、相互促进地向前发展。"[4]这表明人的全面发展是一个漫长、复杂、艰苦的逐步实现的现实过程，人的全面发展是目标

---

[1] 江泽民. 在庆祝中国共产党成立八十周年大会上的讲话（2001年7月1日）[M]. 北京：人民出版社，2001：42-43.

[2] 江泽民. 在庆祝中国共产党成立八十周年大会上的讲话（2001年7月1日）[M]. 北京：人民出版社，2001：43.

[3] 江泽民. 在庆祝中国共产党成立八十周年大会上的讲话（2001年7月1日）[M]. 北京：人民出版社，2001：44.

[4] 江泽民. 论"三个代表"[M]. 北京：中央文献出版社，2001：180.

和过程的统一。

4. 科学发展观以人为本的核心立场

发展是硬道理,科学发展观就是要以人为本,实现全面、协调、可持续的发展。胡锦涛同志指出:"科学发展观,第一要义是发展,核心是以人为本,基本要求是全面协调可持续,根本方法是统筹兼顾。"[①] 概括得简明扼要,非常深刻。

党的十七大报告指出:"科学发展观,是对党的三代中央领导集体关于发展的重要思想的继承和发展,是马克思主义关于发展的世界观和方法论的集中体现,是同马克思列宁主义、毛泽东思想、邓小平理论和'三个代表'重要思想既一脉相承又与时俱进的科学理论,是我国经济社会发展的重要指导方针,是发展中国特色社会主义必须坚持和贯彻的重大战略思想。"[②] 这一系列以人为本的执政理念的提出,是对社会主义现代化建设规律认识的进一步升华,更标志着我们党的执政理念实现了新的飞跃。随着我国改革的深入,改革难度也日趋加大,为了保障社会的持续发展,党的十八大将科学发展观列为中国共产党的长期指导思想,把以人为本作为深入贯彻落实科学发展观的核心立场,这就更进一步明确了科学发展观的历史定位。

以人为本是科学发展观的核心立场。以人为本的"人"是相对于"物"来说的,是一个宽泛的概念,它包括了"民""人民""大众"和每一个个体的人。在阶级社会,人是有阶级性的,但在历史的长河中,阶级社会只是人类历史的一个阶段,随着社会历史的发展,这种阶级"烙印"的消失也是必然的。"提出并肯定以人为本,同提出并肯定人道主义、人性、人权、人权的普遍性、人学等概念一样是理论上的重大突破。"[③] 当然,提出以人为本就涉及人与人之间的各种关系:首先,应以人类社会的整体利益、国家民族的整体利益为本;其次,要以多数人的利益、集体的利益为本,同时,还要尊重每一个人的个体利益,把以人为本的思想体现在每一位社

---

① 胡锦涛. 高举中国特色社会主义伟大旗帜 为夺取全面建设小康社会新胜利而奋斗——在中国共产党第十七次全国代表大会上的报告[M]. 北京:人民出版社,2007:15.
② 胡锦涛. 高举中国特色社会主义伟大旗帜 为夺取全面建设小康社会新胜利而奋斗——在中国共产党第十七次全国代表大会上的报告[M]. 北京:人民出版社,2007:12-13.
③ 黄楠森. 马克思主义与"以人为本"[N]. 北京日报,2004-03-01.

会成员的身上。

科学发展观的"以人为本"坚持了马克思主义的人本思想，强调人民的利益高于一切，认为人是在一定社会关系下从事社会实践的现实的具体的人，人的本质和价值是在社会实践活动中实现的。人的发展不是在孤立的社会关系中进行的，而是整体性的人的发展，人的全面发展和社会制度的变革是统一的。同时，科学发展观的"以人为本"坚持立党为公、执政为民，切实保障最广大人民的政治、经济、文化和社会权益，促进人的全面发展。因此，在当代中国，以人为本和全面建设小康社会、发展中国特色社会主义有着紧密的联系。以人为本，必须实现人民当家作主的政治地位和社会权利，必须把解放人、发展人作为发展中国特色社会主义的根本动力，必须深化改革，破除一切不利于以人为本和科学发展的思想观念、体制机制、社会习气，建立充满活力的社会环境，充分发挥人的主观能动性和创造力，实现社会公平正义，始终坚持人民群众利益高于一切，实现好、维护好、发展好最广大人民群众的根本利益，使人民群众真正成为一切发展成果的享有者。

5. 习近平总书记系列讲话中的人本思想

党的十八大以来，习近平总书记在治国理政的新实践中，围绕改革发展稳定、内政外交国防、治党治国治军发表了一系列重要讲话。这些讲话蕴含了丰富的人本思想，回答了坚持和发展中国特色社会主义应以何为本的问题。其中的人本思想具有强烈的时代气息和现实针对性，表现了鲜明的政治导向，体现了积极的价值取向，为各项工作指明了方向。

习近平总书记的系列讲话饱含丰富的人本思想，其内涵可以概括为：国以人为本，以人的全面发展为根本；政以民为本，以人民的根本利益为根本。

（1）国以人为本

人为国之根本，建设国家要为了人、依靠人，这是习近平的治国理念。习近平在不同场合的讲话中多次表达了这样的人本思想。2013年3月27日，习近平在金砖国家领导人第五次会晤时的讲话中提出："我们将坚持以人为本，全面推进经济建设、政治建设、文化建设、社会建设、生态文明建设，促进现代化建设各个方面、各个环节相协调,建设美丽中国。"①他还多次强调,办好中国的事情关键在党、关键在人,在庆祝中国共产党成立95周年大会上的讲话中要求"努力形成人人渴望成才、人人努力成才、人人皆可成才、人人尽展其才的良好局面"②。

习近平认为,以人为本就是要以人的全面发展为本,要坚持"把增进人民福祉、促进人的全面发展、朝着共同富裕方向稳步前进作为经济发展的出发点和落脚点"③。习近平在党的十九大报告中还将我国社会的主要矛盾表述为"人民日益增长的美好生活需要和不平衡不充分的发展之间的矛盾",意在通过"着力解决好发展不平衡不充分问题,大力提升发展质量和效益,更好满足人民在经济、政治、文化、社会、生态等方面日益增长的需要,更好推动人的全面发展、社会全面进步"④。

(2) 政以民为本

政以民为本是习近平的理政理念,也是其人本思想的鲜明特色。这里的"民"是指人民(相对于公民而言,指一切赞成、支持、参加中国特色社会主义建设的力量),而在中国社会的主要矛盾已经发生变化的新时代,更多的是指人民中的群众或百姓。以民为本与以人为本不矛盾,以民为本是以人为本的具体体现和充分体现。以民为本是唯物史观的根本观点,是中国共产党党性的集中体现,是社会主义的内在要求。以民为本执政理念在社会主义中国一直得到继承和发展,并在以习近平同志为核心的党中央领导下的中国特色社会主义新时代得到更加全面的丰富、更大程度的深化、更为生动的实践。

以民为本,就是要把人民的根本利益放在第一位。习近平指出:"坚持人民性,就是要把实现好、维护好、发展好最广大人民根本利益作为出发点和落脚点,坚持以民为本、以人为本。"⑤习近平在党的十九大报告中

---

① 习近平. 习近平谈治国理政:第一卷[M]. 北京:外文出版社,2018:326.
② 习近平. 在庆祝中国共产党成立95周年大会上的讲话[M]. 北京:人民出版社,2016:19.
③ 习近平. 论坚持全面深化改革[M]. 北京:中央文献出版社,2018:188.
④ 习近平. 决胜全面建成小康社会 夺取新时代中国特色社会主义伟大胜利——在中国共产党第十九次全国代表大会上的报告[N]. 人民日报,2017-10-28.
⑤ 习近平. 习近平谈治国理政:第一卷[M]. 北京:人民出版社,2014:154.

指出："带领人民创造美好生活，是我们党始终不渝的奋斗目标。必须始终把人民利益摆在至高无上的地位，让改革发展成果更多更公平惠及全体人民，朝着实现全体人民共同富裕不断迈进。"①

关于人的全面发展，在 2018 年召开的全国教育大会上，习近平强调培养德智体美劳全面发展的社会主义建设者和接班人，并重新把"劳"列为全面发展的内容之一。他还多次强调教育的根本任务是立德树人，如在全国高校思想政治工作会议讲话中指出：用社会主义核心价值观教育学生，引导他们扣好人生的第一粒扣子，要坚持把立德树人作为中心环节，教师要以德立身、以德立学、以德施教；在会见第一届全国文明家庭代表时提出注重家庭、注重家教、注重家风的希望。这些都充分反映了人的思想品德在习近平关于人的全面发展思想中的重要地位。

（三）践行人本理念是大学治理的时代需求

1. 高等教育的应有之义

（1）高等教育的核心价值回归

自 20 世纪末以来，我国高校开始了大规模扩招，校园越建越大，学生越招越多。在高等教育大众化发展进程中，人们对高等教育的认知出现了认同危机、质量危机、体制危机和学术危机等。长期以来，人们对高等教育性质和功能的认识都基于政治、经济、社会之间的相互联系，受教育者的潜能、尊严和价值却被忽视了。在"以人为本"的高校管理体系下，行政管理、教育教学、科学研究等实践活动都倡导以人为中心，把人看成是教育管理的中心和主旋律。这样的教育价值取向，能够充分激发高校管理者和教育者对受教育者个性价值的关注，能够实现培养全面发展的完善的人的目标。

（2）提高教师行政管理能力

随着时代的进步、社会的发展，高校教师队伍建设也要具有与时俱进的先进理念。教师在提高自身学科专业能力的同时，也要不断充实自身的行政管理专业知识，不断加强理论学习，提升行政管理能力。教师要学习

---

① 习近平. 决胜全面建成小康社会 夺取新时代中国特色社会主义伟大胜利——在中国共产党第十九次全国代表大会上的报告 [N]. 人民日报，2017-10-28.

和掌握一定的管理学理论,有能力的教师更要具有与国际接轨、对话的意识;学习国外先进的管理理论和经验,要结合我国的高等教育管理实际情况,整合多元化的知识,努力实践,注重理论的创新。教师之间还可以定期举行管理工作沙龙活动,相互学习,交流经验,加强联系与合作。学校方面,应定期安排教师参加学习培训,如新入职人员的岗前培训、在职人员的行政管理知识培训、行政管理能力培训、行政管理方法与技巧的培训等。通过培训,切实提高教师的行政管理水平与管理能力,不可流于表面与形式。

（3）增强科研学术能力

近年来,基于社会发展的趋势,很多高校都对专业和课程进行了调整,如合并、升级、联合办学。深化"产学研",在一定程度上转化了高校的科研成果,同时也迎合了经济的发展、市场的需求。随着高校"产学研"相结合的理念深入人心,很多人都从高等教育身上看到发展的美好未来,看到力量,看到效益。

（4）完善高校治理结构

高校治理结构是现代大学制度的一个重要组成部分。高校治理结构不仅包括教育行政管理与教学质量管理,而且还包括大学的权力管理机构、政策制定机构、资产管理机构、监督机构、评估机构等。建立既符合社会政治、经济、科技、文化等发展的需要,又符合高等教育自身发展规律的新关系框架,能够重构社会与高校、政府与高校之间的关系,确保社会、政府、大学相互独立、相互制约、权责明确、协调运转,为形成有效的内部运行机制提供制度保障,达到既保证国家利益、体现投资者意志,又赋予管理者充分自主权、调动办学者积极性的目的。①

党委领导、校长负责、教授治学、民主管理的高校治理结构也要求我们实行人本化管理。党委领导下的校长负责制中,校长是校内行政的最高领导,学术机构是学术委员会,民主参与机构为教职工代表大会等组织。高等学校聚集了高层次的各类人才,其中就包括了代表大学学术成就及智慧的教授。因此,有必要充分发挥教授和学术团队的能力,这就是"教授治学"。在日常管理中,大学应明确教师的主体地位,确立有助于教师的

---

① 曹彦华. 浅谈高等教育人本主义的教育管理理念[J]. 南北桥,2010（04）: 77-79.

专业发展、有助于学术的积淀、有助于学术自由的管理运行机制。校内管理融入了科学和民主的元素,这就是"民主管理"。

(5)提高学生管理实效

高校学生管理就教育的本质而言,是一种为学生自身成长发展服务、以全面提高大学生综合素质为宗旨的教育,其最终目的是要促进学生自主发展,体现人生价值。因此,以人为本的高校学生管理目标就是要培养出健康、自由、和谐、全面发展,同时又具有独立个性,拥有和谐完善人格的社会主义事业建设者和接班人。

①促进学生的个性发展

根据马克思主义关于人的学说,个体性是指个体在自然素质(又称遗传素质)的基础上,被个体的活动、接受教育和社会环境的影响而形成的,有个体特质的心理特性的总和。个体性具有先天性、差异性、社会性和可塑性等特征。个体性发展的核心是自主性和创造性的发挥。

传统的学生管理忽略了学生是一个由个体性的人向社会性的人不断发展成长着的人。在学生管理工作中许多教师总追求"整齐划一",喜欢学生唯命是从,循规蹈矩,对学生的个体差异和个性特征重视不够,因而培养出来的学生都是千人一面,缺乏独立的个性和创新的思维品质,很难适应时代发展的要求。

当代社会对人的发展提出了更高的要求,也为人的个性发展提供了极大的可能性。当代社会需要的人才除了应具有扎实的基础知识和较强的实践能力外,更要有全面的素质和适应社会的能力。这就意味着一个人不仅要有强烈的上进心、责任感、丰富全面的知识,有参与竞争、正视挑战、团队合作的优良心理素质,而且要有自主、自强、自立、创新的能力。人本管理思想坚持面向全体学生,为全体学生的全面发展创造条件,开展因材施教的教育。针对学生的个性特点,最大限度地调动学生学习的积极性和主动性,引导他们主动地去认识自我、反省自我、完善人格,充分发挥学生的个性特长,善于塑造并敢于展示自己的良好形象,把自己塑造成为具有鲜明个性特征和优良素质的社会主体,形成人才辈出的局面。这种模式从大学生的自身特点出发,贴近社会和大学生的实际生活,不断促进学生的个性发展,使其能够自主地为自己确定目标,并为实现这些目标而选择合适的手段，充分满足学生自己的需要，从而不断提高学生管理工作的针对性和实效性。

②体现学生的主体地位

主体性，从根本上说，就是人（主体）区别于客体（自然）而有别于动物的基本属性。马克思主义认为：人在自觉地认识和改造客观世界的过程中，在人的自觉的、能动的实践活动中，就成了主体，体现了人的主体性。人的主体性是作为社会主体的人在各种实践活动中所表现出来的一种根本特性，它通常包括人的自主性、主观能动性与创造性（简称"三性"）等。学生在学校中的主体性，正是通过以上"三性"表现出来的。

传统的管理模式认为规章制度是学生管理的中心环节，反映在学生管理中就是实施管、卡、压的手段。这种管理方法忽视了学生是一个具有自主性、主观能动性、创造性的主体，如果学生管理离开了学生的积极参与，再好的管理制度也难以取得好的成效。也就是说，对学生的管理，可以通过制定、实施相关的规章制度和管理措施来指导、规范、约束、控制学生的行为，但这只是影响学生管理的外部因素。外部因素只有通过学生的自觉性和积极性等内部因素才能让学生在主观上认识和理解管理，才能为学生自觉自愿地接受。因为学生管理不可能把社会的思想意识、行为规范简单、直接地"移植"到学生身上，而是让学生在管理过程中能够自我反省、自我教育，使学生树立自立、自强、自律的观念。以人为本的学生管理强调学生是管理的主体，以激发和调动学生的主观能动性为核心，尊重、体现和发扬学生的主体性，最大程度地发挥学生的主动性与创造性。

③实现学生的全面发展

实现学生的全面发展是坚持以人为本、加强和改进高校学生管理工作的终极目标。高校学生管理应确立坚持"以人为本"的教育理念，加强和改进学生管理工作的模式，以大学生的全面发展和综合素质的提高作为高校学生管理的出发点和归宿，不但要将社会所需要的政治思想、价值观念、道德规范教授给学生，而且还要关注学生的自我成长、自我发展和自我完善，尽最大可能为个人的全面发展提供和创造条件，增强大学生的思想道德素质、科学文化素质以及健康素质。

2. 高等教育的社会需求

高等教育的管理情况影响着人才的培养，而培养人才的成果又关系着人才在社会环境中的适应和发展，高等教育必须强调人本理念，培养学生的人本意识。人本理念下的高等教育管理，不仅有利于学生专业素质的提高，更有利于培养学生的综合素质、人文素质，从而培养出符合社会需求的人才。

3. 大学治理的现实需求

人本理念在大学治理中的渗透是由当前大学治理的基本状况所决定的。虽然我国大学治理已经形成了具有中国特色的比较稳定的特征，并具有独特优势，但我国大学治理结构和运行机制还存在一些缺陷和不足。由于受各种因素的影响，多数学校教育管理中存在人本意识缺失的严重问题，尤其在学生的管理方面和主体地位方面表现得尤为突出。具体而言，体现在以下几个方面。

（1）决策主体单一，利益主体参与不够

我国大学的决策机构是党委，但目前的党委成员主要是党委书记、副书记、纪委书记等，缺少政府、出资方代表、校友、社区代表等大学外部利益相关者。

（2）制度建设滞后，学术权力行使低效

学术管理事务应当主要依靠学术组织或学者的学术权力，而行政权力在处理学术事务中应居于补充或次要地位。但在我国目前大学治理实践中，由于相应制度不健全，职称评审、学科评审等政策不完善，行政权力与学术权力边界不清，特别是对学术权力的作用范围、方式等规定得不够明确具体，导致其与行政权力进行竞争与博弈时，行政权力过多地干预了学术事务，学术权力没有得到有效的行使。

（3）科层权力偏大，民主权利不足

现代科层制管理虽然具有其不可替代的优势，但科层制管理等级意识强，任何行动都受到正式规则的严格束缚，容易忽视组织成员的个性特征，使得组织成员的主动性、创造性受到抑制，既容易滋生墨守成规、武断专横的官僚主义，也容易压制教职工的民主管理权利，导致教职工民主管理的热情和主动性受到抑制，民主权利不能得到有效行使。

（4）学生管理不够人性化，学生的主体地位不够突出

①学生管理不够人性化

随着社会环境的变迁，当代学生和以往学生在性格特征、理想追求、表现方式等方面有多种差异，追求个性发展、自主意识强烈、个性色彩鲜明是现代学生的基本特征。虽然当代学生和以往学生有着迥然不同的性格特点，但是学生管理并未体现在尊重学生个性化方面上。很多高校管理者把学生看作未完全独立的个体，在制定各项管理制度上受传统理念的影响，管理条款设定太多、内容陈旧、生搬硬套，没有体现以人为本的根本理念，缺乏人性化管理。目前，一些学校教育管理制度不够完善，要想在人本理念下做好高等教育管理工作，必须结合学生特点尽快完善各项管理制度，设计和学生实际相一致的尊重学生个性化发展的管理制度。学生是独立的、差异化的个性主体，高等教育的学校管理必须要尊重学生的差异性，对不同学生采取差异化管理，才能使管理更加人性化。但是在现实中，大多数学校管理没有贯彻以人为本的理念，不能从学生的差异化实际出发，对学生要求多、命令多，让学生产生了抵触心理。教育管理手段的缺失使学生难以对学校建立信任，难以和教师建构良好的师生关系，抑制了学生的多元化发展。在实际教学过程中，教师忽视了人与人之间的相互性，没有认识到人为因素在管理中的重要作用。教师与学生之间沟通少、感情淡化生疏、关系紧张，直接影响了管理目标的达成。人的本质属性决定了教育管理不是物的管理，不能只强调秩序、行为的统一，必须要关注学生的差异性，关注学生的情感体验。

②学生的主体地位不够突出

教师和学生分别是教学和学习两个层面的主体，教育目标的达成需要两个方面主体作用的共同发挥，但是在体制、观念等因素的影响下，学生在教育中的主体地位和作用并没有得到足够重视，大多数学生没有感受到自身在教育中的主体影响。这说明在学校的管理中，没有突出学生的主体地位，管理主体边缘化。学生是学校管理工作中的重要因素，必须重视学生、尊重学生，张扬学生的个性。从当前多数学校的管理中可以看到，大多数学校都只是强调了学生要向学校的制度标准靠拢，并没有在教育管理制度设计中特别强调新时代的主体性，即便是某些方面有所涉及，也仅限于口

头或书面上的表述,在实践管理中,学生的主体性并没有得到充分重视。发挥学生的主体作用有助于培养学生自我教育、自我管理的能力。以人为本,突出学生的主体地位,是学校教育、管理的基本思想。只有这样,才能促使学生的生命活力得到释放,使其在教育中的主体作用充分发挥。

第二章 人本理念视域下大学治理的历史与逻辑

追溯现代大学之起源,学者们一般认为诞生于欧洲的博洛尼亚大学和巴黎大学是其源头。"大学"一词在我国古籍文献中虽早已有之,但考察我国现代大学的发展史,现代大学却不是中国自发形成的组织机构。对于大学治理而言,我国大学虽吸收了国外大学的组织形式与治理制度,但它并不是西方大学的"复制品",中国大学也打上了我国文化传统深深的烙印。我国现代大学追溯其源流,确是来自西方,但我国悠久的历史长河中所产生的教育思想、治理思想,对我国大学发展与大学治理产生着深远影响。

本章从人本理念大学治理的历史基础、理论基础和现实基础三个层面论述人本理念视域下大学治理的历史与逻辑。

一、人本理念视域下大学治理的历史基础

(一)本土治理的文化基础

自古以来,我国的国家治理思想主要受儒家、法家、道家的影响,儒家文化作为我国思想文化的集大成者,融合了法家、道家的思想,推陈出新,主导我国封建社会上千年,显示了其强大的包容性和适应性。孔子整理编纂的"六经",再加上后世整理的《论语》与《孔子家语》,一起构建了早期儒学的理论基础。虽说儒家文化和大学治理是时空相对独立的两个词汇,但儒家文化以其传承千年的渗透性在当今大学治理问题中依旧散发着其文化协同力。近代以来,我国发生了天翻地覆的变化,在内外力的共同推动下,我国进行了百年的变革,在各种激烈或渐进的秩序调整或重构过

程中,民众的变革意识已经深入内心,大学的治理文化恰恰是在这种历史背景下形成和发展的。

1. 大学之道的治理目标

儒家所宣扬的"大学之道"集中体现在《大学》一书中,涂又光教授曾评价它为中国高等教育学与管理学专著,流传后世,影响中国教育思想千年。1941年清华大学三十周年校庆时,校长梅贻琦在校庆特刊上发表了《大学一解》一文,以《大学》原理总结清华经验,可见《大学》影响非常之大。

"大学之道,在明明德,在新民,在止于至善。"(《礼记·大学》)其在大学治理中的文化意义是确立大学的治理目标是"明明德",要实现这一目标,要以"格物""致知"为基础,"诚""正""修""齐""治""平"都是管理。其一方面强调对内在品性的管理,另一方面则强调对以身正为根本的世俗世界的管理。《大学》所反映的大学之道,在于赋予广大人民以美好德性,在于革新民众落后的思想,在于对高明境界和理想社会的不断追求。在《大学》中,我们能够看到个人、家庭、社会、国家的和谐关系构建。《大学》中的"意诚""心正"是个人心理上的平衡,"身修"是追求身心合一,"家齐"是家庭的和睦融洽,"国治"是社会的安定文明,"天下平"则是国际社会的大和谐。[①]现代大学教育看似和"明明德""新民"这些《大学》中所传达的治理思想毫不相关,但现代大学治理却深受其影响。

中国知识分子受儒家思想影响,以修身为重,又积极入世,以天下为己任。大学自诞生之日起就肩负着广大知识分子对国家民族的重托,就树立了"五洲万国所供观瞻"之理想,也产生了世界一流的追求。蔡元培在就任北大校长时也曾经提出大学生做人的准则为"卓绝之士,以身作则,力矫颓俗",我们也能清晰地看到这一准则中所蕴含的"修齐治平"思想。

在这些思想的感召下,我国大学在不同历史时期均表现出其高度的社会担当和责任意识,在大学运动中,最有名的当属五四运动。1919年5月,以巴黎和会上的外交失败为导火索,北京大学学生带头发起"外争国权,内惩国贼"的爱国运动,全国大学生纷纷响应,大获全胜。我国大学心系国家命运,学潮不断,成为推动政治变革的重要动力。中国大学不仅培养

---

① 王文胜,马跃如.《大学》教育思想的现代解读[J]. 现代大学教育,2008(03):32-36.

专业人才，而且推动着中国政治的进步。

2. 仁爱之道的人本主义治理思想

儒家学说的灵魂是"仁"，"仁"即为儒家之"道"。对于儒家之"仁"儒家并没有给出明确定义，我们可以从各个典籍的叙述中去体会"仁"之道。樊迟问仁。子曰："爱人。"（《论语·颜渊》）将"仁"与"爱人"等量齐观，更有"仁者，人也"（《中庸》），将"仁"提到至高无上的地位。孟子则将"仁"升华成一种价值取向："仁，人心也。"（《孟子·告子上》）可见，在儒家思想体系中，"仁"和"人"是浑然一体的，它是为人处世的普适的价值准则。

儒家的"仁爱"不是对某一类人的要求，而是所有人修身求仁的普遍要求，"自天子以至于庶人，壹是皆以修身为本"（《礼记·大学》），以"仁"为参照，使所有人都能够以这一价值标准来处世做人。那人如何才能达到"仁"的内在价值呢？儒家提倡修身齐仁，发挥自身能动性："为仁由己，而由人乎哉？"（《论语·颜渊》）那么当这种普遍之"仁"表现在统治者和管理者的行为上时，孔子则提出"克己复礼为仁"（《论语·颜渊》）。个人须不断提高自我约束力，使自身行为符合"仁"的价值规范和要求。在个人利益与"仁"不可并存时，个人要有杀身成仁的勇气，这则体现出集体主义的价值取向。

儒家的"仁"治思想已经内化在中国人的血脉中，它就是儒家之"道"，上至天子，下至盗匪，都深受影响，甚至有"盗亦有道"的说法。在大学治理文化构建中，"仁"对于规范大学人的治理行为具有极大影响。首先，对于领导者而言，领导者本着"爱人"的观念，在治理过程中做到重视群众意见，实际考察大学利益相关者的意愿和呼声，同时不断学习，增强自身管理素养，使自身行为符合规范要求，在面临破坏大学组织的不良影响时，有"杀身成仁"的勇气，率领组织成员与阻碍大学进步的势力进行斗争，使大学组织朝正确的方向行进。其次，对于普通利益主体而言，作为大学利益相关者的普通一员，通过"修身"以达"仁"的境界，使自身在参与大学治理的过程中秉承"仁"的要求，同时增强自身参与大学治理事务的能力，积极扮演好在大学治理中的"小角色"。

3. 德主礼辅的治理方略

"仁"在治理中给出了一种普遍的价值取向，是一种思想的统一，但治理不仅要靠价值取向，还要靠实际行动。针对治理的主体和过程，治理应包括治理主体培养、治理规范建立、治理政策落实。儒家治理思想体系中，治理的主体是君子，治理规范是"德"主"礼"辅，治理政策落实靠选贤任能机制。这一治理方略可内化为大学治理文化的一种行为范式。

（1）君子的培养

儒家将"修齐治平"作为君子的毕生追求，其中"修身"是第一步，也是根本，修身的目标是成为君子——集智慧与道德于一身，从而成为"内圣外王"之人。何为君子呢？君子不计个人得失，志在求道、守道和弘道。"富与贵，是人之所欲也；不以其道得之，不处也。贫与贱，是人之所恶也；不以其道得之，不去也。"（《论语·里仁》）"君子固穷，小人穷斯滥矣。"（《论语·卫灵公》）君子以弘扬仁道大义为己任，而凡夫俗子则趋利："君子喻于义，小人喻于利。"君子健行而言寡："君子欲讷于言而敏于行。"（《论语·里仁》）"子贡问君子。子曰：'先行其言而后从之。'"（《论语·为政》）言行一致，是谓君子："君子于其言，无所苟而已矣。"（《论语·子路》）舍己为人，愿成人之美："君子成人之美，不成人之恶。"（《论语·颜渊》）"君子和而不同，小人同而不和。"（《论语·子路》）夫子言"君子不器"（《论语·为政》）。夫子对君子进行总结："君子道者三，我无能焉：仁者不忧，知者不惑，勇者不惧。"（《论语·宪问》）

在儒家思想的影响下，自古以来，我国知识分子潜心修身、积极入世，既追求道德的完美，又具有"天下兴亡，匹夫有责"的责任意识；同时，受道家影响，知识分子又具有求得内心平静的"仙风道骨"。近代以来，在我国大学发展过程中，无数仁人志士为大学的发展做出重大贡献，这些思想造就了我国知识分子的人格特质，对后世知识分子影响巨大。

（2）"德"主"礼"辅的治理规范

儒家推崇道德，以德为先，道德的规范也会影响到在参与治理中的表现，"为政以德，譬如北辰，居其所而众星共之"（《论语·为政》）。德治是儒家治理规范的首要手段，具有刑法所不可比拟的优势："道之以政，齐之以刑，民免而无耻；道之以德，齐之以礼，有耻且格。"（《论语·为

政》）"礼者，禁于将然之前；而法者，禁于已然之后。"（《大戴礼记·礼察》）

虽说以"德"为先的"君子之道"从人出发，以治理主体为对象，具有人本主义的前瞻性，但社会是一个复杂的耦合系统，仅仅以"德"之感召教化不足以使治理达到理想状态，还要以"礼"加以规范。与西方文化中的制度理性、法治思维不同，儒家文化下的"礼"是一种基于宗法伦理、间于情法的规范。礼不仅出于国家社稷之安定，也出于人民后世之安康："礼，经国家、定社稷、序民人、利后嗣者也。"（《左传·隐公十一年》）礼为人的行为提供了参考，它不像法律——法律规定了道德的底线，而礼的规定更是一种行为规范："礼者，人道之极也。"（《荀子·礼论》）同时礼也是具体的，在"视、听、言、动"方面有行为的要求，同时礼也是治国规范，"天下有道，则政不在大夫，天下有道，则庶人不议"（《论语·季氏》）。

大学本身就是一个文化组织，单纯的制度规范并不能完全契合大学这一组织的文化特性。在大学发展过程中，几乎所有学校都将"德"作为组织文化符号之一，如清华大学的校训——自强不息，厚德载物，将"德"作为"载物"的前提；南开大学的校训"允公允能"意为培养学生的公德心，增强服务社会的能力，将"允公"作为"允能"的前提。

（3）选贤任能的实践路径

有了"仁"作为价值支撑，再推行"德"主"礼"辅的治理规范，接下来就需要有人负责推行以上举措，所以选贤任能是治理的必备要素。当然领导者首先要起到带头作用："政者，正也，子帅以正，孰敢不正？"（《论语·颜渊》）

虽然儒家"学而优则仕"的思想在近代以来一直被批判为我国知识分子缺乏创造力的罪魁祸首，但儒家并没有把"仕"当作知识分子的必要追求。"邦有道，则仕"（《论语·卫灵公》），"无道则隐"（《论语·泰伯》），"道不行，乘桴浮于海"（《论语·公冶长》）。在孔子看来，君臣之间是一种以"道"为基础的合作关系，这里的"道"可以理解为"仁"和"礼"，即若统治者有违仁义、礼法，有志之士是不会与其媾和的。

蔡元培在担任北京大学校长期间曾经采取过很多措施，积极引进人才，他讲过:"大学者,'囊括大典,网罗众家'之学府也。"在这种思想指导下,蔡元培对教员的选聘不拘泥于学历、年龄、背景,除了聘任《新青年》主编、新文化运动旗手陈独秀任北大教授兼文科学长外,还相继聘请胡适、李大钊、鲁迅、刘半农、杨昌济、吴虞、周作人等当时极具新潮思想和渊博学识的革新代表人物来校任教;对于学问造诣深厚的如刘师培、辜鸿铭等旧派教师,也用其所长。蔡元培在北大的改革中积极选贤任能,推行教授治校的管理体制,并组建了评议会,使北大面貌焕然一新。但蔡元培在主持北大期间曾八次请辞北大校长,真正以身践行了"邦有道,则仕""无道则隐"的士之风骨。

4. 深刻的民众变革意识

自我国近代以来,西方已开始了从道统、政统到以科技为支撑的文统的激烈转变,在工业革命下,西方迫切地寻找其资本主义原始积累所需要的资源,以科学技术为先导的资本主义经济迅猛发展。而中国儒家文化在社会制度演进层面不具备自我调节、自我更新的因素,中华文明仍停留在政统主导、道统支撑,没有独立学统和法统的旧时代。[①]在清末,西方思想猛烈地渗透、冲击和攻占着中国传统的思想文化,在西方科技的冲击下,中国传承千年的道统思想不堪一击,为了救亡图存,中国历史陷入百年的被迫动荡和主动变革的激流中。"穷则变,变则通,通则久"(《周易·系辞下》)始终作为一百多年来中国社会变革的基本动力,也成为深植于中国各领域的领导者和民众思维意识中的重要标尺,"变"成为普罗大众的普遍认同的组织状态,成为社会常态。

在这样一个改革成为社会惯性的宏观社会背景下,大学之变亦成为中国大学治理的重要动力来源。任何一个组织均存在其弊病,那么也存在变革的需要。近年,大学扩招迅猛,高等教育平庸化的问题越来越突出;高校人才培养与社会脱轨的问题日益受到关注;高校内部权力腐败一时使大学处于风口浪尖。各种热点问题使大学成为社会热议的话题,大学改革的呼声也日益高涨,这一切都成为大学治理变革的社会基础。思想是行动的引导和推动力,大学治理文化中本身也包含着"变"的思维倾向性。

---

① 王鸿生. 历史的瀑布与峡谷[M]. 北京:中国人民大学出版社,2007:212.

5. 新中国成立后我国教育理念与大学治理政策变革

随着无产阶级革命胜利和新中国的成立，马克思主义教育理论也在社会主义制度确立和国家治理实践探索中获得了中国化的发展和新生。毛泽东曾在《新民主主义论》中对新的文化教育进行系统分析，阐明文化教育与政治、经济间的关系是"一定的文化（当作观念形态的文化）是一定社会的政治和经济的反映，又给予伟大影响和作用于一定社会的政治和经济"①。他认为中国大学要学习苏联模式，对旧教育进行坚决接收和改造，为国家建设服务、为工农服务、为劳动人民服务，"苏联所创造的新文化，应当成为我们建设人民文化的范例"②。在这一教育思想的指导下，1949年9月30日，中国人民政治协商会议审议通过了《中国人民政治协商会议共同纲领》，明确指出中华人民共和国的文化教育为新民主主义的，即民族的、科学的、大众的文化教育，提出了改革旧的教育制度、内容、方法，加强高等教育和科学技术教育等要求。③此后的第一次全国教育大会、第一届全国人民代表大会以及宪法对此纲领的通过，很好地体现了社会主义原则和民主原则，奠定了新中国教育体系的基本框架和格局，为新中国高等教育确定了基本发展方向，也标志着马克思主义教育理论在结合了我国实践后取得了新的发展。

伴随着改革开放和从以政治建设为中心到以经济建设为中心的转变，我国大学的治理思想也从原来的"以阶级斗争为纲"的政治导向转向"以经济建设为中心"的经济服务导向，逐步从管治走向治理。邓小平从国家战略发展高度强调科技和教育在现代化建设中的地位，提出"教育要面向现代化，面向世界，面向未来"④。邓小平认识到人才和教育在改革发展中的基础性作用，认为教育体制改革要与经济体制和科技体制的改革配套推进，使人才培养满足社会主义建设需要。1985年5月，随着《中共中央关于教育体制改革的决定》的颁布，进一步明确了"教育必须为社会主义建

---

① 毛泽东. 毛泽东选集：第二卷 [M]. 北京：人民出版社，1991：663-664.
② 毛泽东. 毛泽东选集：第三卷 [M]. 北京：人民出版社，1991：1083.
③ 中国人民政治协商会议共同纲领 [N]. 人民日报，1949-09-30.
④ 邓小平. 邓小平文选：第三卷 [M]. 北京：人民出版社，1993：35.

设服务，社会主义建设必须依靠教育"①的方针。自此，中国教育治理理念开始发生广泛而深刻的历史变革，"从'以阶级斗争为纲'和闭关锁国的教育转向改革开放、以'经济建设为中心'的教育"②，大学治理的思想开始向经济服务型发展。20世纪90年代以来，随着改革开放的加快和社会主义市场经济体制的建立，大学发展进入了"快车道"。1992年10月，江泽民在党的十四大报告中阐述了"把教育摆在优先发展的战略地位，努力提高全民族的思想道德和科学文化水平"的方针，并指出"这是实现我国现代化的根本大计"。③在1995年5月举行的全国科学技术大会上，他在对国内国际形势深入分析思考后，首次提出"实施科教兴国"的发展战略，把科技和教育事业发展与国家振兴紧密联系。与此同时，《中华人民共和国教师法》《中华人民共和国教育法》《中华人民共和国高等教育法》陆续颁布，"211工程"、院系大调整、高校扩招、后勤社会化改革等相继实施，促进了大学的快速发展，为科学发展型大学治理思想奠定了理论和实践基础。2003年10月，党的十六届三中全会召开，胡锦涛立足国情总结分析了中国发展实践和发展要求，明确提出科学发展观的国家治理理念。这种"坚持以人为本，树立全面、协调、可持续的发展观"④也赋予了大学治理新的意义，我国大学治理思想逐步迈向从"管理"到"治理"的嬗变。在反思扩招和市场化冲击带来的资源不均、质量下滑、结构滞后等问题的基础上，国家先后启动了"高等学校教学质量与教学改革工程""985工程"等，在合理控制招生增长幅度和规模的基础上着力提高质量、优化结构，"坚持以科学发展观统领我国教育事业发展全局"⑤，进入到规模、结构、质量、效益协调发展的科学发展型大学治理阶段。

2013年11月，党的十八届三中全会将"国家治理体系和治理能力现

---

① 中共中央关于教育体制改革的决定[N]. 人民日报，1985-05-29.
② 范国睿. 从规制到赋能：教育制度变迁创新之路[M]. 上海：华东师范大学出版社，2018：6.
③ 江泽民. 加快改革开放和现代化建设步伐，夺取有中国特色社会主义事业的更大胜利——在中国共产党十四次全国代表大会上的报告[N]. 人民日报，1992-10-21.
④ 中共中央关于完善社会主义市场经济体制若干问题的决定[N]. 人民日报，2003-10-22.
⑤ 胡锦涛在中共中央政治局第三十四次集体学习时强调：坚持把教育摆在优先发展战略地位 努力办好让人民群众满意的教育[N]. 人民日报，2006-08-31.

代化"①上升为国家战略，标志着我们党治国方略和执政理念新的突破。与之相对应，高等教育领域的理论创新和综合改革呼之欲出，建设高等教育强国、促进大学治理现代化成为新的时代追求。习近平在党的十九大报告中首次明确提出建设教育强国是中华民族伟大复兴的基础工程的战略定位，明确了"深化教育改革，加快教育现代化，办好人民满意的教育"②的要求，强调"落实立德树人根本任务"，提出"加快一流大学和一流学科建设，实现高等教育内涵式发展"③的战略目标。对于大学的办学方向问题，习近平明确指出，高等教育要"为人民服务，为中国共产党治国理政服务，为巩固和发展中国特色社会主义制度服务，为改革开放和社会主义现代化建设服务"④，"古今中外，每个国家都是按照自己的政治要求来培养人的，世界一流大学都是在服务自己国家发展中成长起来的。我国社会主义教育就是要培养社会主义建设者和接班人"⑤。2018年9月，习近平在全国教育大会上总结了中国特色社会主义教育事业必须遵循的"九个坚持"（即坚持党对意识形态工作的领导权；坚持思想工作"两个巩固"的根本任务；坚持用新时代中国特色社会主义思想武装全党、教育人民；坚持培育和践行社会主义核心价值观；坚持文化自信是更基础、更广泛、更深厚的自信，是更基本、更深沉、更持久的力量；坚持提高新闻舆论传播力、引导力、影响力、公信力；坚持以人民为中心的创作导向；坚持营造风清气正的网络空间；坚持讲好中国故事、传播好中国声音原则，深化拓展了对大学治理现代化问题内涵和实质的认识。2019年2月，《中国教育现代化2035》和《加快推进教育现代化实施方案（2018—2022年）》发布，进一步明确了推进大学治理体系和治理能力现代化战略部署和总体设计。2019年10月，

---

① 中共中央关于全面深化改革若干重大问题的决定[N]. 人民日报，2013-11-16.
② 习近平. 决胜全面建成小康社会 夺取新时代中国特色社会主义伟大胜利——在中国共产党第十九次全国代表大会上的报告[N]. 人民日报，2017-10-28.
③ 习近平. 决胜全面建成小康社会 夺取新时代中国特色社会主义伟大胜利——在中国共产党第十九次全国代表大会上的报告[N]. 人民日报，2017-10-28.
④ 习近平在全国高校思想政治工作会议上强调：把思想政治工作贯穿教育教学全过程 开创我国高等教育事业发展新局面[N]. 人民日报，2016-12-09.
⑤ 习近平在北京大学考察时强调：抓住培养社会主义建设者和接班人根本任务 努力建设中国特色世界一流大学[N]. 人民日报，2018-05-03.

在党的十九届四中全会上，习近平总书记关于教育治理的重要论述进一步发展了马克思主义教育理论，为大学治理现代化指明了方向和路径，也为大学治理体系的完善和大学治理能力的提升奠定了更加坚实的基础。2021年4月，第十三届全国人民代表大会常务委员会第二十八次会议对《中华人民共和国教育法》做出修改，重申教育是社会主义现代化建设的基础，明确指出教育对实现中华民族伟大复兴具有决定性意义，明确规定教育必须为社会主义现代化建设服务、为人民服务，必须与生产劳动和社会实践相结合，培养德智体美劳全面发展的社会主义建设者和接班人，将新时代党的教育治理方针以国家法律规范的形式固定下来。

（二）外来治理的文化影响

一般来讲，现代大学并不是中国本土化的产物。法兰克福大学前校长瓦尔特·吕埃格（Walter Ruegg）曾直言不讳地讲："大学是欧洲的机构，而且确实是欧洲最卓越的机构。各种理由都可以支持这个结论。[①]"一般教育史学家和大多数研究文献还是较为一致地将博洛尼亚大学和巴黎大学视为欧洲乃至人类历史上最早出现的大学原型。中国大学的萌芽虽然在组织形式上类似于古代书院，但实际意义上的大学诞生于近代"西学东渐"的过程中，自诞生之日起就面临着严峻的历史环境。中国大学在发展过程中一方面汲取西方大学的制度、理念，另一方面融合了中国本土文化所长，逐渐完善，形成了具有中国文化特点的大学。中国的大学治理也具有中国的特色。

1. 大学自治与学术自由的历史传统

欧洲大学自诞生之日起就具有大学自治的基本理念，这与欧洲大学起源的历史环境紧密相关。博洛尼亚大学等学校的兴起并不是由于政治权力、宗教神权的推动，也不是源于固定的教育场所的出现，而是源于教师的个人魅力，正是这种力量吸引着学生不远万里地跟随教师学习，学生和老师从一开始就是大学的发起者和推动者。在这类学校中，汇集而来的学生与教师们达成协议，学生向教师支付费用，教师们则以提供教学作为回报，

---

① [比]希尔德·德·里德－西蒙斯. 欧洲大学史（第一卷）[M]. 张斌贤, 程玉红, 等, 译, 石家庄: 河北大学出版社, 2008：8.

学生组成了行会，形成合力以保障其权益。而巴黎大学早期由同乡会、学舍、学院这三大机构构成，校长是大学的总负责人。为了保证大学的独立性，巴黎大学与教堂主事、教会展开了不懈的斗争。"大学的自治权在某种意义上来自人民具有的普世性和超国家特点的学术自由理念"①，为了追求学术自由，大学以学界的行规自行约束与管理其成员，不受当地政治力量的干扰，若受到侵犯，大学就会奋起反抗，抗议无果则集体迁徙或另谋发展。牛津大学和剑桥大学的斗争和迁徙也体现出大学为维护其自治权利和学术自由而付出的努力，大学的独立精神保证了中世纪大学的相对独立，获得了后世大学不可比及的权力，并为后世大学留下了组织自治的传统理念。

正因为欧洲大学的诞生是自下而上的，它并不是由政治、宗教力量的推动而产生的，而是由学生、教师为传播知识、学习文化而创立的，所以在欧洲大学产生、发展的过程中，大学才会牢记其历史源头和争取独立的精神，为保证其独立发展而进行不懈的斗争。欧洲大学产生、发展的历史将自治的思想文化深深地烙在大学人骨子里，而且，受大学独立精神的影响，皇权、神权均不敢轻易触犯大学自治的权力。这种自治理念一直流传，至柏林洪堡大学始，大学发展了其研究功能，成为科学研究的中心。洪堡认为："绝不能要求大学直接地和完全地为国家服务；而应当坚信，只要大学达到了自己的最终目标，它也就实现了而且是在更高的层次上实现了政府的目标。"②洪堡身为政府行政官员，不可能为大学独立而放弃国家利益，他之所以要推动大学独立，其着眼点在于大学独立与国家长远利益的统一，同时尊重了大学的自治传统。在这种思想引导下，大学的学术自由得到更广泛的保障，学术自由、学习自由、教学自由成为欧洲大学的基本价值和准则。在柏林洪堡大学的推动下，大学自治思想延伸到研究领域，学术自由思想产生并广泛传播。英国纽曼（Cardinal Newman）于1852年出版的《大学的理想》认为大学是提供博雅教育和培养人才的机构，教育的目的是绅士"性格的形塑"，并表达出那个时代的大学"对任何一边也不侵犯也不屈服"③的大学独立发展思想。

---

① [德]卡尔·雅思贝尔斯. 大学之理念[M]. 邱立波，译. 上海：上海人民出版社，2007：128.
② 转引自：陈洪捷. 中德之间：大学、学人与交流[M]. 北京：北京大学出版社，2010：32.
③ John H.Cardinal Newman.The Idea of a University[M].N Y: Images books，1959:65.

关于大学自治与学术自由这一基本理念，1988年9月18日欧洲大学校长们于博洛尼亚联合签署的《大学宪章》中做出了如下表述："大学是一个自治的机构。大学通过研究与教学，以批判的方式，创造和传递文化。为了满足当代世界的需求，大学的研究与教学必须在道义上和智力上独立于整个政治权威、经济权威和思想意识权威。研究、教学和培训的自由，是大学生活的基本原则，政府和大学必须在各自责任范围内，保证尊重这一基本要求。大学拒绝不宽容并在不断对话中，成为较适合大学生的理想聚会之地。教师须具有知识传授能力并以研究与创新为发展途径，大学应有丰富自己头脑的权利、意愿和能力。"[1]

自由已经深入西方大学的骨血。传统上，欧美主要国家的大学治理结构都强调大学自主与学术自由，教授自主与教授同僚决策，其特点是权力的下放与广泛的参与，吸纳院系教师组成相关委员会，维持权力分配与专业分工，实行成员共享治理。[2]

中国近代受资本主义列强的入侵而国门大开，西方资本主义列强凭借资本、科技优势打破了中国自闭的局面，西学东渐，西方教育思潮涌入。洋务派为抵御外侮，自强求富，提出"中学为体，西学为用"的办学宗旨，创立目的在于学习外国"器物"并用以实现民族自救的洋务学堂，其创办的京师同文馆和一些专科学校是我国现代学校的开端，具有里程碑意义。之后，维新派创立京师大学堂，即北京大学的前身，被视为中国近代第一所新式大学，随后现代中国大学在社会动荡中艰难前进。

中国现代大学制度的建立源于蔡元培的北大改革。在当时政治、经济、文化均受西方思想影响的时代背景下，蔡元培的教育理念中，最为核心的要义在于"博采众长"，他尤其欣赏德国教育制度，但对法国、美国、瑞士等国的教学制度都能够吸取其长处。蔡元培学贯中西，长期在国外学习，对国外大学的治理理念、治理制度感悟颇深，他任下的北京大学改革被认为是中国大学治理的开端。蔡元培上任即明确提出"以研究高深学问"为

---

[1] Pagden A. The Genesis of "Governance" and Enlightenment Inceptions of the Cosmopolitan World Order[J]. International Social Science Journal，2010（155）：7-15.

[2] Bleiklie I, Kogan M .Organization and Governance of Universities[J]. Higher Education Policy，2007（04）：477-493.

办学宗旨，整顿北大官僚主义的不良风气，使北大回归大学的本质属性。在学术方面，他推行"思想自由，兼容并包"的原则，使学术跨越民族、信仰、年龄等的限制。在大学治理方面，他提出"教授治校"的管理体制，设立评议会，同时组建教授会，并制定《学科教授会组织法》，保证教授在大学治理中的地位。北大在近代历史的动荡中还能够提出"大学设立之目的，除造就硕学通才以备世用之外，尤在养成专门学者"[1]。北大传统中有强烈的社会责任感和民族忧患意识与浓烈的个性自由、兼容并包的风气两大方面的特点。北大的社会责任感和民族忧患意识是中国传统的士大夫精神的传承，而个性自由、兼容并包的风气则是蔡元培校长等人吸取了西方的启蒙精神所萌发的。[2]可见，中国现代大学治理之路一方面受中国传统文化影响，另一方面受历史环境影响，也吸取了西方大学治理文化的精华。

2. 制度理性的法律保障

与中国传统文化中作为人行为规范的"礼"不同，西方文化更注重制度理性，对于大学而言，最重要的还是大学章程。博洛尼亚大学在产生时就和法律的研究有关。博洛尼亚由于商业发达，商业纠纷较多，同时诉讼也频发。人们为了解决商业行为中出现的诉讼问题，对法学材料的需求不断增强，学者开始搜寻罗马法史料并集中研究、交流，这也是博洛尼亚大学诞生的原因之一。[3]所以，中世纪大学产生时便与法律相关，对于法律精神的研究使大学具备先天的制度理性精神。

为了保证大学的独立正常运转，欧洲大学自建立起就有了大学章程。大约在12世纪50年代，位于意大利的博洛尼亚大学的学生为了保障出资人的权利而联合起来，发起制定了大学历史上第一个《大学章程》。在1158年，皇帝弗雷德里克一世通过发布法令的方式肯定了博洛尼亚大学的地位。13世纪，大学法人化的进程启动，《大学章程》也就成为大学的指导法令。随着现代大学的发展，大学治理越来越复杂，大学章程的作用更为重要，甚至市议会也会颁布大学章程，以确保大学契合地方发展。但大

---

[1] 萧超然，沙健录，周承恩，等. 北京大学校史（1898—1949）[M]. 上海：上海教育出版社，1981：36.
[2] 李宪瑜. 北大缤纷一百年[M]. 北京：北京大学出版社，1999：350-351.
[3] Rashdall H. The Universities of Europe in the Middle Ages [J]. Nabu Press, 1936（01）：99.

学章程并没有成为大学自治的依据，直到中世纪大学后期，大学章程的性质还是来自皇权、教会的授权书，虽然授权中包含了如选举和管理的权限，但大学章程远非大学的《自治宪章》。直到1819年，美国达特茅斯学院诉伍德沃德案发生，在与州政府的权力博弈中，达特茅斯学院获得了独立权利，由此将大学章程的历史发展推进一个新纪元，大学章程打破了一直以来以政府为主导的局面，而成为大学自治的主要法律依据。

不同于西方大学，我国大学产生较晚，在我国文化土壤上找不到现代大学自发产生的适宜条件，所以我国大学从创立起就大多是由政府主办。在近代，大学章程基本由政府吸收借鉴国外大学章程的范式来制定，学校作为执行主体按照章程来管理大学，大学并没有自发产生大学章程。我国第一个由政府颁布的学制是京师大学堂管学大臣张百熙于1902年拟定的《钦定学堂章程》，实际是大学章程的起步。之后颁布的《奏定学堂章程》《大学令》《大学规程》等政府颁布的法令文件，都能看到大学章程的雏形。

当代，党和国家不断推动制定大学自治章程，大学章程的制定开始成为政府倡导、大学主导、全员参与的活动。1999年12月，《教育部关于加强教育法治建设的意见》明确要求学校必须依法制定大学章程并以此治校。《国家中长期教育改革和发展规划纲要（2010—2020）》也提出要完善大学章程，办学主体按照大学章程依法行使权力。虽然还是有学者认为大学章程并不是"应运而生"的，但大学章程开始被重视意味着大学自主办学权受到了广泛重视。

二、人本理念视域下大学治理的理论基础

大学治理最早源于公司治理、公共治理等，大学拥有独立的法人结构是大学治理的制度前提。有的学者认为大学治理的本质是大学内部的利益相关者对大学事务、决策的参与过程，也是大学内部的各种决策主体的分配和使用，不仅包括对权力的配置，还包括权力的使用过程。[1]人本理念大学治理的理论基础如下。

---

[1] 刘向东，陈英霞. 大学治理结构剖析 [J]. 中国软科学，2007（07）：97-104.

（一）治理理论

1. 治理理论的特征与大学治理的适切性

（1）治理理论的特征

随着世界全球化进程，人类的政治生活正在发生翻天覆地的变化，人类政治过程的重心正在从统治（government）走向治理（governance），从善政（good government）走向善治（good governance），因此，治理理论引起了众多学者、政治家和政治组织的共同关注。

"治理"是一个复合性概念，其含义可以分为三个层次：治理结构、治理工具和治理能力。治理结构一般情况下也被叫作制度层次的治理，即政府、社会、企业、个人等各个主体在参与治理过程中关于权利和职责的分配设置以及两者之间的相互关系。在管理公共事务的过程中，它为执行者提供了基本的激励结构和策略空间。然而，若在治理中仅有治理结构，则其不能独自发挥作用，研究治理行为可以使治理结构起到所期望的激励作用，提高公共事务管理主体的热情，最终将其转变为有效的行动。治理工具是指治理主体所选择的方式和手段，治理行为本身的研究包括：怎样通过治理工具的创新去实现治理目标，怎样在多元化治理机构下实现治理能力的提高。治理结构关注的是治理在制度层面的基础和条件，而治理能力的高度直接决定了政府机构的行动能力与水平。治理工具是在治理行动中将其理念转化为实际行为的方式和方法。综合可知，治理工具实现了治理三个层次的联系，它将治理结构和治理能力紧密地结合在一起，起着承上启下的作用。治理的主要特征包括以下几方面。

①主体的多元性

治理主体不再仅局限于政府这个主体，有些公共或私营部门由于得到人们的认同也可以成为某一个方面的权力中心，因此，也属于社会治理的主体范围。

②责任的模糊性

国家这一个治理主体只转交它本身职责给其他部门时，其相应的权力并不包含在内，因此，治理主体没有拥有等量的责任与权力，从而主体间的责任变得模糊不清。

③权力的依赖性

权力依赖是指无论参与公共活动的各个组织属于什么性质，它们都不可能拥有独自解决一切问题的能力。基于权力的依赖性，治理过程变为了主体间的相互作用过程，因此在互动过程中，政府与其他社会组织逐渐成为合作伙伴。

④自主自治的网络体系

在运行机制上，治理主体具有多元性和权力依赖性，这些特征最终必然产生一种自主自治的网络体系。该体系要求每个治理主体转移部分权力出去，凭借自己的资源优势，以相互对话的方式来增加交流，最终形成一种管理公共事务的有机整体。

⑤政府作用的重新界定

当前公共行政体系已经无法适应时代发展的要求，政府的职能范围和作用方式必须要进行重新界定，实现某种程度上的治理。

治理作为一种工具或者说是技术，从本质上看，它更加注重形式上而非价值目标上的合理性，更多体现的是一种工具理性。治理旨在为解决问题提供一种有效的分析框架和手段，具有较大的涵盖面和协调性，所以，治理不是目标，不是为了治理而治理，而在于其方法论上的意义。那些私人部门在治理方面积累了许多前沿的管理方法、技术、经验、原则与模式，而公共部门也可以借鉴这些新的工具和技术以此来提高自己的能力。我国目前高等教育管理领域治理水平低，其主要由单一的政府管理行为、老套的管理方式和方法等原因造成的，因而公共治理模式便亟须去探索一套原则、方法与技术，以适应市场机制的需要。

（2）大学治理的适切性

治理理论的内涵相当丰富，在诸多学科领域广泛应用。在政治学、经济学、管理学中，我们都可以看到治理理论的运用与发展，这也是治理普适性的表现。但是，治理理论也不是可以简单拷贝的，而是如制度一样，治理必须根据对象的不同来界定它的内涵与外延。因此，探究治理理论在大学管理中的适切性，也就是指我国大学治理的研究和实践中对治理理念和分析方式的借鉴。

在公共管理范式发生转换的背景下，西方国家的教育管理也正呈现出新的发展态势,其中最引人注目的一个方面就是富有治理色彩的公共教育政策,本杰明·莱文(B. Levon)在谈到20世纪70年代以来,西方国家教育改革政策的共同点时认为:尽管改革计划存在明显差异,有三种策略却是很多改革总体计划的关键性组成部分:①学校设立和实际运作权力的分权化,包括家长委员会分享这种权力;②增强成绩测试并发布测试结果及其引申结果,增加统一课程;③多种形式的择校或其他的类市场机制。教育改革中一个超越国家疆界的最强烈的趋势就是权力向当地学校的下移。[①]这场改革的核心是政府行政管理分权化,意义在于重新调整政府、市场、学校在教育治理中的结构性定位,按照治理原则——政府掌舵但不划桨来划分权力边界。

以往政府作为唯一的管理主体,以规制和行政命令等行政强制性手段来管理大学,其管理范畴包括了大学所有的具体事务,这样的管理模式有很大的弊端。大学治理是要将高等教育事业从行政事业转变为社会公共事业,集合社会各种资源,为大学的发展群策群力,实现从政府办大学到政府办教育的转变,将大学管理权真正归还给大学自身,并吸收社会的各种力量一起参与大学的改革与发展,使大学得到更加自由自主的发展。

从理论层面看,高等教育为社会提供人才,大学的管理隶属于公共事务范围,为社会提供教育类的公共产品或准公共产品。而治理理论是关于政府管理公共事务上多种方式的理论。治理理论的运用可以进一步完善我国高等教育领域的改革与发展。从实践层面看,现代的高等教育更多地参与到社会的公共事务之中,它与政府的关系正发生着渐进的改变,与社会、市场的关系也更为融洽,大学不再是政府包办的附属机构,正在由"象牙塔"走向"社会中心"。如果再从技术层面来看,以问题为导向的高等教育研究的目标,也要求我们对治理理论如何更好地适用于现代大学制度的路径设计而进行更深入的研究与探讨。

高等教育管理体制改革正如火如荼地进行,政府对大学的管理也从统治或管制范式逐渐走向治理范式。这一变革的发生,不仅说明政府在理念上转变了对大学的治理观念,而且也意味着这一变革必将对大学的治理模

[①] [美]本杰明·莱文. 教育改革——从启动到成果[M]. 项贤明,洪成文. 译. 北京:教育科学出版社,2004:16.

式、手段和方法等技术操作层面产生重大影响。因此，从技术操作层面去研究和探讨大学治理的可行性已是一件刻不容缓的事情。从技术操作层面上看，治理理论对高等教育治理的适用性完全取决于治理工具。治理工具的含义：参与治理的政府、公共机构等相关主体在治理目标的指导下而具体实施的手段、措施以及方法等。若基于政府和高校二者间的关系来考量治理工具的内涵，那么这一概念强调的是政府针对高校进行治理的过程中具体实施的相关措施、手段和方法技术等。

大学治理在很大程度上也就是高校中相关组织的内部管理和外部制度背景进行互动和建立关联的过程，它不同于公司治理以及政府治理。大学是公共性的非营利性组织，也是一种利益相关者组织。现代大学的发展同时还与社会中多样化的利益主体联系起来，而不同利益主体共同参与大学治理的过程中则构成高校在今后一段时期内的发展趋势。在高等教育领域，大学的办学方向和管理体制如何与市场经济发展要求相匹配；在大学目标不变的前提下，市场经济的要素在大学治理中如何更好地体现；政府、社会、市场、学校之间的互动关系如何确定；建立什么样的教育治理结构更有助于教育事业的发展，这些问题是近年来政府、学界和社会人士关注的热点。治理理论的兴起，为解答上述问题提供了一种理论资源和分析路径。当然，这也并不是照搬源于西方社会土壤的治理理论，而是有选择地进行吸收和运用。

2. 公共选择理论

亚当·斯密（Adam Smith）的自由市场经济运行模式在20世纪初资本主义经济危机及严重贫富分化的现实中被凯恩斯（John Maynard Keynes）的宏观经济理论所取代，政府的作用也日益凸显。倡导政府干预经济的主张越来越受到人们的广泛认可与支持，市场在配置资源中的有限性成为政府干预经济的理由。然而，完全自由的市场经济存在不可修复的局限性，但是政府干预经济就是解决市场失灵的唯一良策吗？20世纪后半叶，西方发达国家出现了始料未及的财政赤字和通货膨胀等一系列问题。政治领域中的个体同样具有"经济人"的特点,同样有追求自身利益最大化的要求。因此，政府干预也有缺陷，也会产生政府"失灵"的情况。

公共选择理论的主要代表人布坎南（J.McGill Buchanan）在这样的一种

背景下通过深入分析，以"经济人"为假设提出了公共选择理论，试图透视政府失灵现象来寻找解决政府干预局限性的良方。很多学者将公共选择理论归属为政治学科的经济学应用。这一定义也阐释了非市场决策在公共选择理论中的地位。公共选择理论的基本行为假设是，人是一个自利的、理性的、追求效用最大化的人。[1] 萨缪尔森（Paul A. Samuelson）认为，公共选择理论"是一种研究政府决策方式的经济学和政治学"，"对出现政府失灵时，国家如何通过减少对经济和分配的过多干预来减少负面影响"[2]。公共选择实际上就是对公共物品的供给与分配做出选择，其理论期望是包括政府在内的多元利益主体通过充分竞争以促成权力制衡，它倾向于运用契约和制度来规范政府和其他利益主体的行为。

研究任何组织或者制度都要涉及人的活动，而研究人的活动必须对人的行为做出假设，这种假设便是我们研究的逻辑前提。西方经济学理论假设人是利己主义的，而政治学通常假设人是利他主义的。公共选择理论将人的行为纳入"经济人"假设中，并将这个假设从经济领域扩大到政治领域中，用于研究政府及公共部门的行为，扩大了理论的适用性。在公共选择理论中，"经济人"的含义如下：一是在遵守规则的前提下具有利己主义倾向。通过不断地博弈获得自身利益的最大化，但是，这种利益最大化的博弈是在制度认可的条件下进行的，他们的行为也一定程度推动了社会的发展。二是在利己主义的前提下，又是利他主义者。自利是人的本性，其本身是中性的，关键看有没有科学严谨的制度来约束自利行为。同时，自利并不排斥利他，利他是经济人假设中个人主义的扬弃，是人性光辉一面的表现，社会中协调、合作、共赢都是利己利他的最好印证。三是假设为制度分析搭建了平台。制度框架是人们进行公平逐利的舞台。任何时候，人们追求自身利益最大化的动机都是强烈的，其行为也是复杂的，既有合理与合法的，也有不合理甚至是违法的，因此，需要有效的制度进行规约，确保"经济人"在守法成本低而违法成本高的制度环境下实现自身利益的最大化，从而促进整个社会利益的最大化。

公共选择理论对政府干预的有效性问题进行了探索与解答。政府干预

---

[1] Dennis C. Mueller：Public Choice Ⅱ [M]. London：Cambridge University Press，1989：1.

[2] [美]保罗·萨缪尔森. 经济学 [M]. 北京：华夏出版社，1999：232.

失效，即政府"失灵"是公共选择理论研究的重点。事实上，政府也并非超利益组织，同样受到各个追求自身利益最大化的个体的影响。比如：权力、地位、声望等政府官员的个人因素，即政府官员的目标绝不单纯是社会利益的最大化。这也是在委托—代理机制中政府容易产生决策滞后、预算庞大以及缺乏激励措施等问题的原因。公共选择理论对政府管理的有效性进行了质疑：由于缺乏竞争机制导致政府机关运行低效，而且，没有完善的对政府行为进行约束的机制。权力必然要受到制约与监督，形成多元利益主体平等拥有决定权的制度体系，才是正确而有效的。

3. 委托—代理理论

委托—代理理论是20世纪六七十年代一些经济学家在深入研究企业内部信息不对称和激励问题的基础上提出的一种新的理论，这也是契约理论发展的重要成果。它通过研究在委托人与代理人利益相冲突和相互之间信息不对称的情况下，如何签订最好的契约来激励代理人勤勉工作，更好地完成委托任务，从而实现委托人利益最大化。

该理论的主要观点是：委托代理关系是生产力进步和工业化大生产的产物，一方面，生产力进步使社会分工进一步细化，权力主体因知识、能力和时间等原因不能亲自行使所有的权力；另一方面，社会专业化分工的进一步发展的同时也产生了一大批具有专业知识的代理人，他们具备专业能力和知识来代理行使被委托的权利。在委托—代理关系中，当委托人和代理人之间利益有冲突但信息对称时，一般能找到最优策略，避免代理矛盾；当委托人与代理之间没有利益冲突，无论信息是否对称，都没有代理矛盾。而只有在委托人与代理人之间的信息不对称且利益冲突时，代理人往往从个人私利出发，会违背"代理道德"，利用信息优势来损害委托人的权益，产生机会主义行为。具体表现为：一是逆向选择，二是道德风险。[1]但是在现实中，信息不对称普遍存在，委托代理关系不可避免，"道德风险"也是不可避免的。因此，为了降低代理人的"道德风险"，最重要的就是要改变信息不对称的情况，建立委托人与代理人之间的信息沟通平台，使委托人获得最大的信息知情权，从而可以规范和制约代理人的代理行为，也

---

[1] 李福华. 论科学研究中的委托代理问题与制衡机制[J]. 科学与科学技术管理, 2002（08）: 33-35.

便于委托人随时可以了解代理人的代理情况。如此一来，代理人的代理行为也走入正轨，确保每位代理人的追求目标恰好也是委托人所希望实现的，从而形成正效应的竞争和激励机制。[①]

我国部分学者将经济学中的委托—代理理论引用到高校治理中。从委托—代理关系的一般理论来看，高等教育领域也存在委托人、代理人之间的委托—代理关系。大学既是政府办的学校，又为公众提供所需要的教育资源，它涉及大学与公众、政府之间多重复杂关系，如果通过委托—代理理论，这种复杂关系便能够得到清晰的呈现和解释。其中，第一个层次的委托关系指的是公民和政府之间的关系。政府的权力、资源都属于大众，是公有资产，所以说，公民通过将自己的受教育权和教育中所需要的资源交给政府来经营管控，这就产生了第一层政府与公民的委托—代理关系。公民是最初的委托人，政府则是代理人，代理社会大众在受教育过程中所需要的各项服务。第二层委托—代理关系指的是政府和高校管理者的关系。一方面，政府将大众在受教育过程中所需要的服务通过经营管理的方式服务于大众，从而政府便和高校的经营管理人员形成了一种委托—代理的关系。在这层关系中，政府却成了委托人，充当着中介角色，而高校反而成了代理人，代理政府部门和大众所需的教育服务。第三层委托—代理关系是在高校的内部运作管理中产生的，如，学校的校长和教职人员、高层管理和基层管理、院系和各个教研室、教研室内部人员之间等。第四层的委托—代理关系则指的是大学教育这种服务的供给者和使用者两者之间的关系，比如教师和学生、学校和学生等，这种关系也可以作为最终的代理人和最终的委托人之间的关系。

在上述存在的委托—代理链关系中，各层委托人并没有明确的激励约束机制，这就容易导致代理者行为动机在某种程度上被弱化。政府经常以上级领导者的身份出现，而不是第一层代理者应该扮演的教育事务的主体。公共教育事务实际上掌握在作为第二层代理者的学校手里，学校在政府的授权下拥有对全校内部事务的实际控制权。由于代理人开展代理事务前没有参与充分的市场竞争，导致对代理人缺乏应有的约束力。在全员聘任制

[①] 楚红丽. 公立高校与政府、个人委托代理关系及其问题分析[J]. 高等教育研究，2004(01)：43-46.

模式下，全体教职工都是学校聘任的代理人，但由于学科专业的独特性，学校作为委托人也难以对每位教职工的真实业绩做出准确评价，无法准确地评价这层代理人的效率。同时，委托人的所有权在实践中也无法真正得到体现。全体公民委托政府来提供公共服务，但实际上委托的效果难以实现，因为民众无法对政府的行为进行监督，政府所提供的高等教育服务往往不是全民所需的教育服务。没有一定的制度约束或制度激励，缺乏有效的监管政府的机制，不能保证能为民众提供所需的服务。而作为委托人的高校学生，在进入大学后，其委托人的身份也无法得到认同，只是作为被管理者和被教育者。学生的利益一旦受到损害，也没有通道可以提出维权诉求。

因此，根据大学的实际发展情况建立可行性高的制衡机制是管理大学、发展大学的关键所在。有效的制衡机制能更好地约束各项行为，并鼓励代理人奋进，最终实现委托人的目标。在有效的制衡机制作用下，大学作为代理人以获得更多的自主权，对于管理大学、提出完善的治理方案有极大的意义。权力的下放和适当控制是制衡机制建立的根本目标。[1]

4. 法人治理理论

"法人治理"又译为"公司治理"（corporate governance），主要针对营利性公司、企业等法人组织，是经济学的概念。最早提出类似"公司治理"概念的是威廉姆森（O. E. Williamson），而"法人治理"的研究来源于美国学者伯利（A.Berle）和米恩斯（G. Means）的观点：公司所有权与经营权分离理论。[2]

围绕法人治理展开的相关研究一般都基于企业的所有权和经营权相分离而展开的，并且主要关注的是企业中的代理人问题，但公司治理所关注的则是采取何种方法怎样使代理成本得到减少。公司治理更多关注的是公司股东、公司董事、公司经理以及其他公司高级管理人员之间的利益关系，以及公司股东如何对公司管理层产生制约等问题。特别是谁应当从公司的决策中获利？谁将在公司的决策中活动？以及两者冲突的解决。这里，公司治理概念所反映的是特定的合约关系和制度安排，对于公司的发展规划、经济原则、危机处理等方面做出预安排，并对公司的利益主体之间的权利

---

[1] 尹晓敏. 利益相关者参与逻辑下的大学治理研究 [M]. 杭州：浙江大学出版社，2010：23

[2] [美]伯利，米恩斯. 现代公司于私有财产 [M]. 甘华鸣，译. 北京：商务印书馆，2005：198.

义务进行有效的规范与约定。公司治理以控制"内部人控制"的机制为根本。此外,还有学者把公司治理理解成一种特定的合约安排。

从上述学者的观点,我们得出,法人治理实际上是一种组织内部的制度安排或合约设计。法人治理试图通过制度约束来协调组织内外各类利益主体的相互关系,并在一定条件下实现组织价值的最大化,其最重要的问题就是如何对权力进行合理分配。法人治理理论最初是研究营利性私人公司组织治理,但其研究方法和原则也适用于非营利性的大学组织。首先大学实际上类似企业,存在经营人(以校长为代表的管理层)、雇员(教职工)、顾客(学生),教育服务是其提供的产品。大学的正常运转也离不开法律法规的约束和政府的管理,以及广大社会、高等教育市场等的影响,这些都是大学的外部治理环境。其次,在目前我国大学运作过程中,有很多问题也正好是法人治理所关注的焦点。如何正确处理政府与大学的关系?如何制定与高等教育发展相适应的法律法规以对大学代理人进行有效的约束与协调?如何进一步构建与完善高等教育市场?在大学不断扩招的情况下,如何保证教育质量不断提高?如何合理进行大学内部的制度设计和治理结构安排?

5. 组织理论

德国学者马克斯·韦伯(Max Weber)被称为"组织理论之父"。韦伯的科层制组织是一种"纯理性"组织,分为传统权威、感召权威和法理权威等类型。韦伯眼中的科层组织具有如下特点:一是高度的专业化和分工。即在科层制组织中,组织有正式规定的职能,责任到人,每一个人的权利与责任都十分明确,并将权利与责任合法化。二是有等级森严的职务。下级接受上级的管理和监督,下级服从上级的指令。三是非人格化的官员。理想中的组织成员应该是在办事时本着严谨的作风理性处事,用严格的法令和规章对待工作和业务交往,不掺杂任何个人喜好,确保组织目标的实施。四是量才用人。通过严格的考核机制,鉴别成员的年资、能力与绩效。五是制度的稳定性。在科层制组织中,任何行政法令、决定、条例都有书面形式的规定和记录,详细而具体,具有很强的可操作性,任何情况下组织成员都要遵循一套抽象的规章制度,从而保证组织行为的稳定性和公平性。规则与制度是科层组织的核心,当大多数人认可了规则与制度的价值时,组织秩序的合法性才被予以确定，规则体系也因此得到保障。六是高度的行政效率。科层组织体现了理想的行政管理效率，是大规模管理最有效的工具。①

与其他国家大学相比，我国大学的组织结构的特点是具有自己独特的发展模式。1917年，北京大学采取德国的教授治校模式，规定了全校最高权力机构为评议会。各学科设立教授会、教务处和总务处，目的是对教学与行政工作进行有效的协调和处理。在此基础上，北京大学又设立行政会议作为全校的最高行政和执行机构，行政会议下设有各类专门事务的委员会来承担决策咨询作用，并负责具体事务的运作。新中国成立之初，大学实行校长负责制的领导体制，并由校务委员会承担具体工作，学校下设系，系的负责人为主任。

改革开放以来，特别是随着20世纪90年代末期开始的扩招，大学的办学规模日益增大。目前，我国公立大学在组织结构上纵向形成了大学、学院、学系三级组织。伯顿·克拉克（Burton R. Clark）划分了高等教育系统的权力，主要有六个层次，而前三个层次是大学组织的内部层级，分别是系或研究所、学部或学院、大学。大学组织有非常复杂的权力分配关系，它是一种同时具有行政和学术权力的二元权力系统。其次，作为独立的整体机构，大学也可以从内部分为不同的部门和组织，就行政单位而言，包括学院等单位。根据科学理论和实际情况，对不同部门明确责任，通过科学手段合理管理，最终达到整体的和谐。因为学科之间是相互独立且又保持着本身的完整性，所以不同学科单位联系较少，在此基础上形成的大学内部关系架构也十分松散。除大学组织必备的教学科研基本单位之外，还存在着强大的管理系统和辅助系统（后勤服务中心、图书馆、信息技术中心等）。在10世纪时，大学仅是一个团体，其由老师和学生自治。然而，在大学不断发展过程中，大学逐渐形成专业的学术分工，教师不再过多地参与管理，大学管理拥有了专门的管理机构和职能部门，负责学校人事、财务、学术管理等方面的工作，逐渐形成有效的大学内部管理系统。

---

① [德]马克斯·韦伯. 经济与社会（上）[M]. 林荣远，译. 北京：商务印书馆，1997：34.

（二）以人为本管理理论

1. 人本主义心理学

人本主义心理学是以人为本管理理论的基础之一。它是20世纪60年代在美国兴起的一个心理学流派，是马斯洛（Abraham H. Maslow）、罗杰斯（Jim Rogers）等人在批判行为主义和精神分析学派的基础上建立起来的。其中，马斯洛的需要层次理论和梅奥（G.E.Mayo）的人际关系学说对人本管理理论影响较大。马斯洛提出真、善、美、正义等都是人的内在本性的人本主义心理观，他认为人类本身蕴藏着巨大的潜能，开发潜能、发挥才能、实现自我是人性的内在要求。他提出以鼓励、提供发挥创造性的条件、满足人的自我实现的要求、建立有效的激励机制为核心的管理。梅奥在著名的"霍桑实验"的基础上，提出了管理的人际关系学说。该学说被认为是管理由"物本"向"人本"转变的重要标志。

2. 人力资本理论

人力资本理论的创立与发展，是人本管理坚实的理论基础。美国经济学家舒尔茨（Theodore W. Schultz）在1960年的经济学年会上发表了题为"人力资本投资"的演讲，提出人力资本的概念。1963年，美国芝加哥大学教授贝克尔（Gary S.Becker）出版了《人力资本》一书。该书将经济学的分析方法引入教育领域，解释了人力资本的形成过程。

人力资本概念的提出和人力资本理论的发展，引起了人们对管理中人的因素的高度重视。尤其是随着知识经济的兴起，知识型人才在企业中的作用与日俱增，人力资本成为企业发展更为重要的稀缺资源。人力资本理论将人的地位提到了很高的位置，认为人是组织中最为活跃、最为重要的因素，直接影响着组织目标的实现，因而该理论重视对人的管理，注重调动人的积极性。现代的管理肯定人性的优点，重视人格的尊严。管理者应根据人的生理、心理和社会的需要因势利导，满足员工的需要，达成其愿望，发挥激励的效果，以调动员工的工作热忱、发展潜能。这些思想和理论直接催生了人本管理思想，而且也丰富了人本管理思想。因此，20世纪80年代后，以人为本的管理作为一种新型的管理理论和方法逐渐形成，并为众多企业所普遍关注和接受。

3. 以人为本管理理念产生的背景

以人为本的管理理念真正成为一种理论和受到社会的关注是有其产生的原因和背景的。

一方面，在西方，以人为本管理理念是人们对人性的思考。西方管理心理学中关于人性的假设经历了"经济人""社会人""自动人"和"复杂人"等过程。其中"经济人"理论，认为人是非理性的，天生的懒惰，生下来就追求私利，以获得生理需要的满足。这实际是把人看成了完全的自然人，抹杀了人的社会性。"社会人"理论，认为人类工作的主要动机不在于经济利益，而在于工作的社会关系，只有社会的需要和自我尊重的需要才是激发工作的动力。影响人积极性的因素，除物质条件之外，还有社会心理因素。"自动人"又称"自我实现的人"，认为管理的重点是重视环境，强调要创造一个适宜的工作环境、工作条件，让员工在这种条件下，充分发挥自己的潜力和才能，充分发展个人的特长和创造力。这是一种内在的激励，目的是满足员工希望获得知识、施展才华、自主、自重等的需要。"复杂人"理论，认为人的工作动机不但是复杂的，而且是多变的，因时、因地而异。一个人是否感到满足，是否肯为企业效力，取决于他的动机、能力以及他同企业之间相互关系。"复杂人"是对纷繁的人性世界更加客观的反映，将人放在管理工作重要乃至中心的位置上，主张协调组织目标和个人目标，激发人的内在动力，促进人们自觉、自愿发挥力量来达到组织目标。当然，在这之后，从特雷斯·迪尔（Terrence E. Deal）、阿伦·肯尼迪（Allan A. Kennedy）、威廉·大内（William Ouchi）等的理论引出了"文化人"的假设。"文化人"的提出促使企业文化在管理中日益受到重视，升华出一种新的管理理论和方法——以人为本管理理念，从此，以人为本管理理念受到企业界普遍的关注和重视。

另一方面，两次世界大战对人的生存权的任意剥夺，对人的尊严及人的价值的肆意践踏，给人们带来的灾难、痛苦和精神创伤，使人们开始进行深刻的反思：人是什么？人生的意义、价值及命运是什么？当科学技术给人们的物质生活带来翻天覆地的变化的同时，也造成了很多负面影响和问题；在促进生产发展、提高劳动生产率的同时，也造成了环境污染、生态破坏等一系列的问题。高度发达的工业给人们带来了丰富的物质，也引发了种种社会弊病：人的世界观、人生观、价值观的严重倾斜，人情淡薄，人际关系疏远，生存危机……人们开始由片面地注重科学技术的发明创造和推广使用转移到在发展科学技术的同时也关注人类自身发展。关注人，关注人的情感、人的发展已成为现代工业文明社会的迫切需要。尊重、理解与信任人也成为时代呼唤的主题。

4. 以人为本管理理念的含义

以人为本管理理念强调组织管理应以人为中心、为主体，把人视为管理的主要对象和组织最重要的资源，一切管理活动应围绕调动人的积极性、主动性和创造性而展开。管理应尊重人、信任人，使每个人在工作中获得归属感、价值感，获得超越生存需要的、更为全面的自由发展。

以人为本管理包括两层意思：一是通过强调人在管理中的主导地位以及调动人的主动性、积极性和创造性的核心思想，把人视为管理的主要对象和组织最重要的资源；二是以人为本管理是情感管理，在管理过程中，应尊重、理解、赏识、激励广大员工，使他们在浓浓的情感氛围下锻炼个人的意志、脑力、智力和体力，完善人的意志和品格，使人获得超越生存需要的、更为全面的自由发展，同时追求组织高效运转进而实现组织目标。

（1）尊重人是以人为本管理的前提

根据马斯洛的需要层次说，人的需要有五个层次，其中，尊重需要是第四层次的需要。尊重人就是要尊重人的人格、人的价值、人的尊严、人的需要、人的情感及人的各项权益，就是把人当作人来看待，把人作为目的而不是手段来对待，就是把人看作是有情感、有需要、有知情权与参与权等权益的主体，而不是活的机器。

（2）信任人是以人为本管理的基础

古人云：用人不疑，疑人不用。要达到人尽其才、才尽其用的目的，就应给予人充分的信任。信任本身就是一种激励方式，除了能使人产生巨大的动力外，还有助于人与人之间的理解与交流，对于形成良好的人际关系氛围具有十分重要的作用。人心向背是制约管理成败的关键。因此，管理者必须关心下属、关爱下属，不仅表现在工作当中，在生活上也要为他们着想。管理者要将员工的冷暖时刻放在心头，让员工随时随地都能感受到组织的温暖和关怀，这是人本管理的体现，也是管理以人为本的基本要求。

（3）人的全面发展是以人为本管理的核心

以人为本的管理思想认为，管理要以人的发展为核心。人的发展实践和心理学研究表明，每个人生来都有潜能。潜能就是人的生理和心理发展的前提条件和可能性。有机体的感觉器官、运动器官、神经系统及大脑都有巨大的潜能，但人类的潜能远未被挖掘出来。人的潜能的开发与实现，除了自身努力外，还需要一定的环境和条件。马克思在论述人的全面发展时曾指出人的发展必须具备一定的客观条件。

管理作为一种社会实践活动，是生产劳动有序持久地进行下去的重要条件。有效的管理不仅能够使管理者在管理活动中得到锻炼和成长，而且能够使被管理者在接受管理的过程中充分发挥主观能动性，最大限度地发挥自身潜能。美国当代管理大师德鲁克（Peter F. Drucker）曾说过，管理阶层其工作和功能就是使人力资源具有生产性，以使每个人的技能、期望和信念都能在劳动中发挥和实现。以人为本管理理念就是实现管理育人，通过管理促进人的发展。

（4）服务于人是以人为本管理的根本任务

管理是为了实现预期目标，为了把事情办好。现代管理实践表明，只有个人的努力与组织的预期目标一致时，即只有把组织的目标转化为全体成员共同努力的方向时，组织的目标才能最终得以实现。而组织的目标能否转化，能否顺利转化，在很大程度上取决于管理的主体对待管理客体的态度，即管理者如何看待自己与下属的关系。随着社会的发展和人类文明的进步，人们不仅越来越认识到管理要素中人的关键作用，而且对人的态度也开始发生根本性的变化。越来越多的人认为，管理的根本任务应该是为被管理者提供和创设更好的生产和生活环境，为被管理者的发展提供更加便利的条件。因此，以人为本的管理理念就把服务于人作为管理的根本任务，认为管理就是服务。

（5）激励人是以人为本管理的重要方式

以人为本管理理念，要求调动被管理者的积极性和主动性，激发被管理者的创造性和聪明才智。管理者应根据被管理者的需要的特点，把握内在的激励方式，充分发挥激励的作用，激发员工的积极性。

三、人本理念视域下大学治理的现实基础

大学作为特殊的社会组织和学术共同体，以学术创新为价值导向，体现为一个高智商、多元化、长时序的复杂组织系统。从本质上讲，大学必须形成持续激发师生创新活力的环境和文化，以满足国家创新发展和人类美好生活的需要。大学一定要依托系统化的制度设计，以保障创新所必需的独立思考、学术自由和自律。为此，基于制度激励的大学治理，成为中国建设世界一流大学的道路选择。笔者以上海交通大学以人为本的制度激励在中国大学治理中的实践与探索为例，探讨人本理念大学治理的现实基础。

（一）大学治理的中心环节是以人为本的制度激励

大学作为一种特殊的社会组织和学术共同体，具有自身独特的职能分工、活动价值和行为规范。大学是创新人才最密集、创新活力最旺盛、创意最丰富的场所。在创新驱动转型发展时期，大学理应担当起义不容辞的历史责任，支撑和推动创新实践。然而，大学能否真正做到向社会源源不断地输出创新动力，取决于其是否具有学术水准的导向、关注需求的自觉、鼓励创新的机制和持续创新的能力，取决于能否造就创新性人才这一立学之本。其中，尤以激励人才积极性、主动性和创造性的制度环境为主：以人为本的制度激励，顺应人才发展的客观规律，合乎法治精神特别是公平公正公开的原则，以及方法论层面解决问题的系统性、周延性和可靠性。正因为如此，以人为本的制度激励成为大学治理的中心环节。

制度激励是一种内生动力机制，通过规则、制度、文化实现对组织成员的方向引导、动机激发与行为强化，持续调动人的主动性、积极性和创造性。它强调以人为本的制度设计，突出其法规权威和激励功能，一方面，高度重视制度自身的草根基础、吐故纳新、自我完善和新陈代谢，另一方面，从根本上持续激发大学师生员工这一创新主体开展创新活动的内生动力，实现制度功能的边际效应最大化。因此，制度激励是一个动态过程，是制度创新的本质要求，是大学综合改革的根本动力机制。

制度激励的核心理念是依法治理，强调维护制度的法权地位，通过制度设计和文化建立打开所有人的梦想空间，为所有追求梦想保驾护航。其本质要求是以人为本，注重实现事业繁荣与主体发展的统一，增强主体对

制度的认同感、融和度和支撑力。其关键环节是在"摸石头过河"的经验基础上加强理念的顶层设计，突出制度的科学性、有效性和主体自觉性，以及制度落地的整体性、系统性、全面性和持续性。其根本途径是构建现代大学制度体系，推动大学治理模式转型，真正落实依法治校。其目标追求是形成良好的制度文化生态，强调人与制度的良性互动，进而形成以大学章程为基础、以制度激励为主线、以大学治理能力建设为基本内容的制度文化生态，激发教师的尊严感、学生的自豪感和全体员工的成就感。

（二）中国大学亟需制度激励的治理模式

改革开放以来，中国高等教育快速发展，取得了举世瞩目的成就，然而由于起步晚、底子薄、基础差，办学水平与世界一流大学仍存在相当大的差距，尤其是尚未满足中国经济社会创新型发展的迫切要求。我们目前正面临转型发展的机遇窗口，能否成功实现转型，关键在于能否将发展驱动力由资源型粗放投入顺利转向创新型要素集约投入。"引领创新"已经成为 21 世纪中国大学的历史使命。中国大学要成为未来发展的创新引擎和动力源泉，必须在治理模式上实现深刻变革。破解当前难题的中心环节，在于通过以人为本的制度激励，不断提升中国大学的治理水平，逐步探索并建立现代大学依法治理的制度体系。

从政府与大学的关系来看，中国大学的宏观治理结构有待进一步优化。政府应当充分尊重高等教育的发展规律，充分尊重大学的办学自主权，主动克服"父爱式"家长作风，切实减少过多的行政干预。政府对大学的依法管理，应当基于法治思维，强调信任授权，强化自律机制和社会监督，通过制度激励所形成的目标管理、政策约束和内生驱动来实现。基于法治思维和制度激励的政府治理模式的变革，是实现中国大学治理体系变革的根本性制约环节。当前，教育部正在推动"两校一市"综合改革试点，正在受理上海交通大学等部分高校的综合改革备案，朝着这一方向迈出了重要一步。此举将有利于充分释放并有效激发大学主体的内生活力和创造力，显著提升政府依法行政的治理水平。

从大学内部治理结构看，与时代发展相适应的现代大学制度体系还没有完全建立。问题突出表现在部分领域或环节的制度缺失、制度滞后、制度失灵、制度多变等方面。这些问题是随中国高等教育快速发展逐渐暴露出来的,是发展中的问题。解决问题的根本在于制度激励,不断提升大学内部依法治理的科学性和有效性,让制度充满正面双向的激励力量,而不是一厢情愿的强制性单向要求;让制度以人为本、声息相通、环环紧扣、相得益彰,而不是龃龉扯皮、摩擦抵消、相互羁绊,甚至背向逆行;让制度既高瞻远瞩又符合实际,充满亲和力、吸引力和凝聚力,而不是冷漠生硬、不近人情、好高骛远,乃至裹足不前。

(三)制度激励在中国大学治理中的实践与探索

近年来,中国大学深入推进以制度激励为主线的综合改革实践,初步探索出一条既符合中国国情和学校实际,又满足世界一流大学建设需要的中国特色大学治理之路,引起了海内外不少大学校长和专家学者的关注。制度激励的主体对象是广大师生,院系是创新人才成长的实体,创新人才的成长还需要良好的学术创新环境。因此,制度激励的实施主要聚焦在教师、学生、院系和文化氛围这四个层面。笔者以上海交通大学(以下简称上海交大)制度激励的发展理念和改革实践为例,探讨制度激励对于大学竞争全球化潮流的引领作用。

1. 实施"三步走"人才发展战略,激发教师的创新活力

高水平师资队伍是建设世界一流大学的关键。对于我国大学建设世界一流大学的目标来说,最具挑战性的问题是如何在规模化引进世界一流师资的同时,实现本土师资队伍的转型升级。针对这一难题,上海交大创新性地提出了制度激励的理念,在大量调研和反复实践的基础上,形成了符合世界一流大学建设目标和发展需求的体系化制度,使得引进人才与本土人才逐步实现了"并轨发展",初步建立起基于制度激励的大学治理体系,循序渐进地推动了虽然难度很大但却意义深远的一系列改革。目前,改革成效已逐步显现,面对创新竞争全球化的新形势,上海交大保持了高水平快速发展,走出了一条独具中国特色的发展道路。

近年来,上海交大有步骤、分阶段、层层递进地实施了"三步走"的人才发展战略:自2007年起,启动了海外高层次人才的规模化引进和校内青年人才的批次化培养,引育并举,明确树立起世界水准的学术"标杆";

从 2010 年开始，在现有师资队伍中全面启动分类发展改革，包括定位改革、分类发展、分类考核与薪酬体系改革等内容，为各级各类人才搭建个性化的"人才成长阶梯"，让合适的人才选择合适的发展道路，人尽其才、才尽其用；从 2013 年开始，构建长聘教职和长聘教轨师资队伍体系，全面推动引进人才队伍与本土人才队伍发展道路的并轨运行，逐步形成了以世界一流为标准的师资队伍，全方位、系统化、持续性地激发了教师的创新活力。

2. 强化"以学生为中心"，提高学生的自主创新能力

大学的根本使命是培养人才。网络时代随着知识更新速度的进一步加快，知识老化的速度也在加快，也使得知识获取的方式产生了根本变化。因此，单纯把大学定位为知识传授的场所，已经不能够满足需要。传统教育只重知识传授，忽视人的能力和人格培养的倾向严重阻碍了创新型领袖人才的培养。为此，上海交大于 2007 年开展了全校范围的教育教学思想大讨论，改变过去单一知识传授的育人模式，形成知识探究、能力建设和人格养成"三位一体"的育人理念。其中，知识探究是基础，能力建设是核心，人格养成是根本。为了推进"三位一体"的育人理念，学校提出"一个中心，三个结合"，即强调"以学生为中心"，注重课内与课外相结合、教学与科研相结合、人文与科技相结合。

近年来，上海交大逐渐完善学生成长成才体系，启动和持续推动了一系列改革试点项目。自 2008 年起，学校启动了基础学科拔尖创新人才的培养试点，并成立了致远学院，引导学生将投身科学事业作为人生的价值追求。致远学院的探索与实践获得了国家级教学成果一等奖，目前，"致远模式"荣誉课程体系已经在全校推广，以培养未来企业界的领军人物和未来医学界、法学界卓越人才为目标，分别实施卓越工程师、卓越医师和卓越法律人等试点计划。在国际化人才培养方面，学校自 2004 年起与美国密西根大学通力合作，历经 10 年的探索和实践，上海交大密西根学院已经成为中美高等教育合作的典型，并产生了重要的国际影响，获得了 2014 年国际教育最高荣誉奖之一的海斯克尔国际教育革新奖；2012 年，与法国巴黎高科集团合作成立了工程师学院；持续实施"海外游学计划"等。同时，学校积极鼓励和引导大学生参与科技创新活动，提高学生的自主创新能力。研究生教育改革的系统工程，自 2010 年启动以来，亦已开始显现成效。

3. 推进"院为实体"改革,增强院系办学的自主权

院系是大学创新人才成长的实体。当前,国内高校普遍的发展模式是学校主导院系发展的模式,院系的办学自主权尚未得到真正落实,其发展动力主要依靠学校的资源配置,造成院系的发展动力不足的问题,阻碍了办学效益的进一步提升。基于此,应充分发挥院系积极性,赋予院系更多的自主权,真正实现院系责、权、利的统一。

上海交大高度重视"院为实体"的改革,充分尊重院系办学的主体地位。自 2008 年起,学校以制定战略规划为突破口,要求各院系在学校发展总目标的指导下制定各自的发展规划和发展举措,并以此作为 6 年一个周期的国际评估标准,调动和增强各院系的积极性和责任感。在师资分类发展改革中,学校以院系为执行单位,尊重院系改革和发展的思路,鼓励院系在目标明确的前提下选择符合本院系发展目标的改革途径和节奏,促进分类发展改革顺利进行。学校多次召开党委常委扩大会议,专门审议院系的分类发展改革方案,积极推动院系真正转变为人才成长和学科建设的实体,充分发挥院系的积极性和创造力,激发院系改革发展的内生动力。特别是,学校积极推动院系综合预算改革,各院系可自主配置资源,设计适合自身发展特点的薪酬体系和改革推进方案。

4. 构建现代大学制度文化体系,营造良好的学术创新环境

营造良好的学术创新环境,是现代大学制度建设的重要组成部分,也是制度激励师生创新活力充分释放的重要保证。从 2006 年开始,上海交大取消了对发表一般论文的现金奖励,提倡"问题导向"的研究,着力解决世界科技前沿问题、国家重大需求问题以及中华民族伟大复兴过程中所遇到的重大人文社会科学问题。此外,学校将量化的年度考核变为学术为本、追求卓越的长周期国际评估,配合国际评估,建立鼓励原始创新的宽松、宽容、宽厚的学术环境。从 2007 年起,学校开始实施大学管理制度改革,以实现从"经验管理"向"科学管理"的转变,对过去几十年颁布的规章制度进行了系统的清理和修订,重新制定了各职能部门的规章制度和业务流程,向制度要效率。2009 年以来,根据《上海交通大学 2020 年发展战略规划》的年度目标,学校启动了"目标管理",每年初对学科、人事、教学、科研、财务、资产、后勤等方面提出年度发展目标并作为年终考核的依据。

随着"目标管理"的实施，学校各方面工作的执行力明显加强，启动"绩效管理"，以"规范管理"为基础，"目标管理"为重点，逐步实现"绩效管理、系统管理"，推进大学管理从经验走向科学。"学术追求"是大学的灵魂。为了发挥学术管理和学术决策在学科建设、学术评价、专业发展中的作用，学校积极探索教授治学的有效途径。自2008年起，上海交大开展了院系中长期国际评估，以6年为周期，对院系在人才培养、科学研究和社会服务等方面的功能指标，特别是其发展现状、学术水准和未来潜力等方面的表现，进行国际同行综合评价，以更加深入具体地掌握各院系学科在国内外的坐标位置，并把评估结果作为学校制定学科发展战略的依据。2008年初，学校以各学科民主推举为基础，重新组建了学校的学术委员会和学部学术委员会，在学校重大决策过程中，提高了学术判断的地位和作用，保证了决策的科学性、有效性，对推进教授治学，落实现代大学制度，营造宽容、宽厚、宽松的学术创新和发展氛围，产生了广泛而深远的影响。

当前，上海交大正朝着世界一流大学的目标快速迈进，在制度激励的主线下，正在实现大学治理的"三大转变"，即在发展模式上实现由行政主导向学术主导的转变，在管理模式上实现由"校办院"向"院办校"的转变，在激励方式上实现由学校主导发展向师生自我实现的转变，从根本上不断激发大学的内生动力和创新活力。与此同时，学校为社会提供持续创新驱动力的卓越的"三大创新体系"已然成形，即卓越的创新人才成长体系、卓越的科学技术创新体系和卓越的思想文化创新体系。

当前，我国正处于中华民族伟大复兴的关键时刻，中国大学有责任为这一举世瞩目的伟大事业做出应有的贡献。我们坚信，在党中央全面深化改革精神和依法治国方略的指引下，中国大学坚持依法治校，实施综合改革，不断发展和完善以制度激励为主线的大学治理，在不久的将来，若干所世界一流大学和一批世界高水平大学必将出现，并会对世界和中国的创新发展产生重要影响。

第三章 人本理念视域下大学治理的国外经验

完善现代大学制度、推进治理体系和治理能力现代化，是我国高等教育综合改革的重要任务，是实现高等教育内涵式发展、提高办学水平和质量的必由之路。治理体系和治理能力现代化建设是一项新的改革探索，我国无前例可循。考察、分析西方大学经典理念及颇具代表性的国外大学的治理经验，对于完善我国的现代大学制度、提高治理体系和治理能力现代化水平有重要的参考价值。因篇幅所限，本章只选择美国和澳大利亚两个国家的大学治理经验进行详细分析，纵向分析其不同历史阶段的主要表现，横向分析美国弗吉尼亚大学治理理念及特点、澳大利亚研究型大学的学术治理体系运行过程，并总结国外国家大学治理人本理念运作的经验，以及对我国大学治理的启示。

一、国外大学治理的人本理念历史

（一）西方大学人本理念及其沿革

1. 西方古代大学理念的萌芽

（1）古希腊的高等教育理念

"没有希腊文化和罗马帝国所奠定的基础，也就没有现代的欧洲。"[1] "……在希腊哲学的多种多样的形式中，几乎可以发现以后的所有观点的胚胎、萌芽。"[2] 由此，便是探索古希腊和罗马高等教育理念的缘由。

---

[1] 中共中央马克思恩格斯列宁斯大林著作编译局. 马克思恩格斯选集（第三卷）[M]. 北京：人民出版社，2012：561.
[2] 中共中央马克思恩格斯列宁斯大林著作编译局. 马克思恩格斯选集（第四卷）[M]. 北京：人民出版社，1995：287.

之所以这里只称之为古希腊和罗马时期的高等教育理念,并不是所谓"大学的理念",是因为广泛认可的真正现代意义上的大学产生于西方中世纪时期(12世纪),但这并不能否认古希腊和罗马高等教育理念构成了近现代大学理念的思维基础和理论源泉。

希腊时期,随着手工业、商业和航海业的发展,希腊城邦中工商业的比重越来越大,多数城邦国家与希腊以外各国的国际交往日趋频繁,海外贸易逐渐扩大,同西亚、北非各国的联系也有所加强,希腊经济进入了一个繁荣时期。经济的繁荣促进了希腊古典文化的兴盛和繁荣。这一时期的柏拉图和亚里士多德的教育理念对后来西方大学理念的形成和发展产生了深远影响。他们对于理性的认知也成为西方大学理念重要的思想来源与方法基础。柏拉图从其唯心主义史观提出,生活当中存在着两种世界,即"现象世界"与"理念世界"。他认为"现象世界"是不真实的、不稳定的,也是虚幻的,与此相反,"理念世界"才是真实的、永恒的。"现象世界"只不过是"理念世界"的微弱反映。在柏拉图看来,"理想的人格"就是身心和谐发展的人,是智慧的爱好者,是真理的专注者。这里,柏拉图赋予高等教育某种精英教育的影子,同时也将热爱真理、追求智慧作为高等教育的永恒目标和重要特征。亚里士多德认为人之所以为人、人区别于动物的特性,也就是人的本质,一方面是人的社会性,另一方面主要表现为人是理性的动物,理性是人类所独有的特征,只有人能区分善与恶。因而,他提倡教育要引人向善,达德成善,节制人欲,主张"文雅教育"。他认为,学科的功用不外乎实用与文雅两方面,有用的学科为实际所必需,只服务于实利,它是不高尚不文雅的;文雅的学科则专供闲暇和享受之需要,是高尚和文雅的。亚里士多德的教育理念强调发展理智灵魂、发展人的灵魂最高部分,因而,更重视纯粹(思辨)科学,也更多地强调算术、几何、天文、音乐、文学、伦理学、诗歌等具有人文色彩的科目。这些理念特征也成为后世自由教育、人文教育思想的重要来源。

(2)古罗马的高等教育理念

随着希腊的陷落,希腊文化和教育受到了罗马文化与教育的冲击,教育进入罗马时代。罗马将希腊的修辞学校完整地"搬"了过来,并将其确立为高等教育机构,同时赋予其新的职能和地位。虽然古罗马的高等教育及其理念的产生与发展受到了古希腊文化和高等教育模式、理念的影响和渗透,但较之古希腊高等教育注重纯理论而言,罗马文化与高等教育则更偏重于实践。古罗马高等教育的特征突出地表现为较强的专业性与实践性,整体来讲,罗马高等教育仍是希腊自由教育的继承,但其中也不乏新的因素出现,即增添了一些科学教育或是专业教育的因子。

2. 西方中世纪大学及其理念的形成

尽管人们都认为西方大学的产生可以追溯到古希腊和古罗马时期,但严格意义上讲,雅典大学、亚历山大里亚大学、罗马大学等大学都不能称为真正的大学,它们并不是建立在中等教育基础上的大学。一般认为真正意义上的大学产生于中世纪后期的欧洲。中世纪大学的主要特征是注重职业教育,突出专业性培养,但它仍没有改变其人文主义的历史传统与特性。大学开设的课程仍主要是古希腊古罗马时期的"七艺",同时,亚里士多德的著作也逐渐占据了大学的课堂,并且这一时期的大学也形成了自己鲜明的时代特征:一是大学是探索普遍学问的场所,是把普遍的学问传授给普通人的场所;二是大学是学者的社团,拥有独立和自治的权利,主要表现为决策的自主与内部自治,学校拥有师生免税和免役权、教授审定教师资格权、罢教和迁校权、师生参政议政权等;三是大学拥有学术自由的权利,教师拥有自由研究学术的权利,学生拥有自由选择学习的权利;四是普通教育与专业教育并存,与以往不同,中世纪的大学虽带有浓厚的职业培训色彩,但教学科目几乎包括了当时所有的知识领域,因而提供的实际上是一种博雅教育(博雅教育的三大目标是了解自然、社会和人生,掌握一定的清晰表达、科学方法的训练等基本技能,形成对学问的忠告、宽容的价值观以及做出明智判断的能力);五是进一步树立了理性主义的价值观。中世纪大学的这些理念为近代大学理念的形成奠定了坚实的基础。

3. 近代西方大学理念的诠释与构建

经过文艺复兴运动的洗礼之后,17世纪的英国资产阶级革命终于拉开了资本主义的序幕,从而也标志着欧美世界跨入了近代——早期资本主义发展阶段。一方面是工业革命蓬勃兴起,整个社会结构发生急剧变化,另一方面,中世纪大学无法紧随时代的变革与发展培养资本主义工业所亟需的合格人才,反而日渐僵化、保守和反动。为此,资产阶级对大学的改革也正式拉开,形成了西方大学教育史上意义深远的"新大学运动",进而有力地推动和发展了大学理念的开拓与完善。

(1)洪堡对近代大学理念的开拓与完善

洪堡所创建的柏林洪堡大学的成功,不仅使其成为德国发展史上相当重要的人物,也使洪堡本人成为整个世界大学发展史上一个里程碑式的人物。他所提倡的大学理念以及办学原则,对近现代大学理念的发展产生了深远的影响。

柏林洪堡大学理念的主要特征如下:一是大学内部既体现国家精神,又能保持大学科研和教育的相对独立性,并将二者有机地结合起来;二是提出科学研究是大学的首要任务,赋予大学理念新的内容,引导中世纪大学进入一个新时代,使大学发展具有了新的逻辑;三是其"大学自治、学术自由、教授治校"的办学理念和办学模式,为世界大学教育发展开辟了一条新途径,提供了新模式,高等学校获得了基本上至今仍行之有效的形式和内容。他建立的柏林洪堡大学成为德国大学和欧洲许多大学效仿的范例。英国、美国以及中国也先后以柏林洪堡大学为模式,改造传统大学或创建新大学,完成了大学的现代化。

(2)纽曼对古典大学理念的坚守

作为最先实行资本主义制度的英国,由于以牛津大学、剑桥大学为代表的古典大学一直是封建势力与宗教势力统治的堡垒,因而其教育长期处于停滞状态。1827年以培养资本主义高级人才为宗旨,注重实科教育,以传授现代自然科学课程为主的伦敦大学学院的正式成立,拉开了英国"新大学运动"的帷幕。

"新大学运动"触及了英国高等教育几百年来形成的古典人文主义教育的传统地位,使英国大学"绅士教育"模式的基础开始动摇。为维护传统大学的地位,使其免受功利主义价值观的侵蚀,以英国著名神学家、文学家、教育家约翰·亨利·纽曼(John Henry Newman)为代表的学者们对"科学教育"进行了猛烈攻击。同时,纽曼又在他的经典著作《大学的理想》一书中全面系统地论述了大学教育的性质与任务、普通教育与专业教育的关系、大学教育与宗教的关系等许多涉及高等教育的基本理论问题。

纽曼大学理念的主要特征如下:一是重视古典人文教育,强调人文知识的培养与教育;二是重视大学的教学功能,强调大学主要的工作和任务仍是教育教学;三是倡导精英教育,强调大学的主要目标是培养社会精英或绅士,而非平民大众的教育;四是实行导师制和寄宿制,校风带有浓重的贵族气息。由此,他所提倡的博雅教育也成为英国大学的历史传统。

(3)范海斯的"威斯康星理念"

范海斯(Charles R. Van Hise)是19世纪末到20世纪初美国著名的大学校长和高等教育改革家。范海斯的"威斯康星理念"因其在担任大学校长期间的改革而被美国高等教育史称为美国二十世纪最有创造性的思想之一。

范海斯的改革及"威斯康星理念"的主要特征是:这种思想在大学发展史上第一次使大学科学技术和成果与社会需要之间形成一种可能,使大学教师的教学、科研与社会实际有机结合,形成两者之间的双向互动。这一大学理念与模式如今已成为世界各国高等教育发展的一种共识与方向。

4. 20世纪西方大学经典理念的坚守与开拓

20世纪以来,随着科学技术、工业革命的迅速发展,人类社会的文明进步达到了空前的程度。社会的进步、科学的发展对大学教育不断提出新的标准与要求,同时,也促使了大学教育的进步与拓展。20世纪的大学理念在继承和发扬传统大学理念的基础上,也根据时代发展的要求进行了不断的调整与突破,呈现出多样化的发展趋势。大学理念不断推陈出新。其中以理性主义与实用主义两种理念之争并相对峙为特征。理性主义大学理念的典型代表人物为弗莱克斯纳(Abraham Flexner)和赫钦斯(R. M. Hutchins),实用主义以克拉克·克尔(C. Kerr)为代表。无论理性主义大学理念还是实用主义大学理念,都与西方古代大学人本理念是一脉相承的。

(1)弗莱克斯纳的现代大学理念诠释

弗莱克斯纳是美国著名的高等教育思想家和改革者。他认为现代大学的主要职能有四种,即保存知识和观念、阐释知识和观念、追求真理和培养学生。在这四种职能当中,弗莱克斯纳首先最看重科研,其次是人才培养。他特别推崇英国式的"绅士教育",认为接受"绅士教育"的人无论是知识、文化、个性,还是表达能力、礼仪举止都能协调发展,能够有尊严地承担起生活的责任,是一种理想的人格表现。因此,弗莱克斯纳提倡专业教育、自由教育。在他看来，专业教育是与职业教育相区别的，专业教育以高深学问为基础，重视理论修养，是自由的和理智的自为活动；而职业教育以传授技术或技能为重点，不是以传授高深学问为从发点，这种教育不是大学的主要职责。大学教育是自由教育，是解放、组织和指导年轻人的智慧和能力发展。针对当时大学在培养人才方面越来越强调科学和科学教育，尤其是技术教育的现状，他反对忽视人文学科和哲学，认为它们当中所蕴含的人文精神不仅是一种价值观，而且当这种人文精神被合理地使用和发挥时，如同科学带给人的一切一样，人文精神同样也带给人力量。他主张大学应加强人文学科和哲学的地位与作用，实现人文教育与科学教育的平衡与协调。

弗莱克斯纳的大学理念主要特征如下：一是深受德国大学传统的影响，其"理想大学"就是柏林洪堡大学的再现；二是反对过分专业化与过分专业化教育，倡导严肃的学术研究；三是强调大学既要与现实世界保持密切联系，又要求大学主要从事学术或理论研究，与现实世界保持适当的关系。

（2）赫钦斯对传统及经典大学理念的捍卫

赫钦斯是美国著名的高等教育家和改革家，也是美国永恒主义教育哲学流派的主要代表人物之一。1929年起他担任芝加哥大学校长，推行"芝加哥计划"，对这所大学进行改革；与此同时，他又推出"名著教育计划"，并专门设立了"西方名著编纂咨询委员会"，等等。在担任芝加哥大学校长期间，他采取了卓有成效的教育改革措施，将其教育理念付诸实践，亲自领导并推行了影响全美的芝加哥大学的教育改革，使芝加哥大学成为美国施行通才教育的典范，培养了许多知名的学者和诺贝尔奖获得者，在教育实践的基础上形成了独特的高等教育理念。他认为，永恒的自由教育是大学理念的精髓，即大学应该是实行自由教育的大学。他认为，大学教育的目的就是形成睿智，达于至善，成为完人，即培养"完人"。他提出，大学是人格完整的象征、保存文明的机构、探究学术的社团，是智者之家。赫钦斯提倡普通教育（或称通才教育），但他并不完全否定专业教育或将二者加以对立，只是强调大学教育相对于专业教育的基础地位，以及普通教育才是大学教育的根本任务所在。

赫钦斯的大学理念主要特征如下：一是坚守传统大学观，把大学当作学术社团,而非学位、文凭"工厂";二是反对把人工具化,倡导培养"完人",重视人的价值与尊严;三是坚持大学的精神领袖地位,反对低层次的社会服务。

(3)克拉克·克尔对大学理念的当代调和

克拉克·克尔是美国当代最负盛名的高等教育思想家之一,曾担任美国加州大学伯克利分校学术委员会主任、加利福尼亚大学校长、卡内基高等教育委员会主席和卡内基高等教育政策研究理事会主席等职。其著述和教育实践颇丰,被誉为"当代美国高等教育改革的设计师"。克尔认为,随着时代与社会的发展,大学的理念与内涵不可避免地在发生着变化,以往无论是纽曼、洪堡,还是弗莱克斯纳等人提出的大学观、大学理念,明显已经不合时宜,过时了。"现代美国大学不是牛津大学,也不是柏林大学,它是世界上一种新型的机构。"[1]"当今美国规模较大的大学更是拥有以共同的名称、共同的管理委员会以及由与之相关的目的维系在一起的一整套群体和机构。"[2]大学的这些现实状况,使大学理念的重构成为时代的需要。因而,克尔提出自己心目中的现代大学是"多元化巨型大学"。

对于大学培养什么样的对象,克尔认为应培养民主社会中的"有效公民"。未来社会的"有效公民",第一,应具备丰富的知识,无论是在物理学、生物学方面,还是审美、语言交流与艺术方面都要有一定的了解;第二,要熟悉并了解世界各国的文化与历史,理解不同文明的价值观念与文化模式,并主要了解美国的历史文化,形成一定的世界观、价值观和理想信念;第三,要掌握基本的学术研究的方式与方法,具有分析和解决学术问题的能力;第四,要具有从事未来职业的一定的专业能力,通过大学专业教育,掌握就业所需要的专业知识和专业技能;第五,要培养一位合格公民所必须具备的道德伦理、审美观念、独立意识、自主意识、处事能力以及健康的心理、高尚的品格等。

为此,克尔呼吁大学实施普通教育。这里的普通教育在培养毕业生道

---

[1] [美]克拉克·克尔. 大学的功用[M]. 陈学飞,刘新芝,译. 南昌:江西教育出版社,1993:1.

[2] [美]克拉克·克尔. 大学的功用[M]. 陈学飞,刘新芝,译. 南昌:江西教育出版社,1993:1.

德伦理、思想情感方面及其今后的人生当中具有相当重要的价值。同时，他将校园环境与文化建设也纳入培养未来合格公民的范围当中，强调重塑学者与教师的学术道德、为大学生提供专业咨询与指导、为学生提供工作和服务社会的条件、开展丰富多彩的校园文化生活与课外活动、通过交流引导学生形成良好的道德情操和品格。

克尔的"多元化巨型大学"理念的主要特征如下：一是较之以前许多高等教育思想家而言，更具有时代性和现实性。在高等教育迅速发展的今天，克尔的大学理念无疑具有相当大的理论与实践的指导意义；二是其大学理念既顺应了时代发展的要求和需要，也满足了社会对大学的目标与期望，实现了教学、科研、社会服务三大功能在大学里的有机结合；三是这种"巨型大学"也使得有关大学理念的分歧进入一个新的领域。

（二）美国大学学院治理的历史进程

1. 萌芽阶段（1636—1818年）

1636年，美国效仿英国的办学模式，在美国大陆上建立起第一所学院——哈佛学院，虽然是公私联合的，但更倾向于私人控制。为保障学院的内部发展，这个时期的学院由院外人员组成的董事会进行管理。董事会是学院的最高决策机构，有制定和执行决策的权力，但是董事会存在于学院之外，学院里的日常事务不能得到及时处理。殖民地学院规模较小，学生和教师数量少，教师又只负责教学工作，不参与学院事务管理，因此，院长承担了学院全部的行政事务，院长是这个时期学院唯一的全时教学人员。[1]在这个时期，学院的主要任务是传授知识。院长几乎包揽了所有的事务，管理的内容包括学院招生、人事招聘、学院资金分配以及内部管理等方面。

独立战争胜利后，美国政治经济迅速发展，但大学的发展却没有更多的变化，甚至在已有的学院中也少有变革，"尽管学院有了一定的发展，教师队伍扩大了，得到的支持增加了，但是其基本的结构和运行在整个时期都是相似的"[2]。在这个时期，美国的学院管理模式是在董事会领导下的

---

[1] 别敦荣. 中美大学学术管理[M]. 武汉：华中理工大学出版社，2000：19.

[2] Baldridge J.V. Policy Making and Effective Leadership [M].San-Francisco: Jossey-Bass Publishers, 1978：239.

院长负责制,教师不参与学院事务管理。

2. 发展阶段(1819—1915年)

1819年达特茅斯学院诉讼案的判决,赋予了"文化机构以稳定性和不可侵犯性"①。诉讼案结束后,一方面私立院校的数量大增,另一方面各个州开始创办公立院校。美国最高法院于1819年做出判决,认为学院过去的特许状不得为州议会所侵犯,达特茅斯学院得到恢复,学院的控制权又回到了董事会手中。

随着大学和学院规模不断扩大,职能不断分化,学校的各种事务越来越多,院长的精力有限,不能有效地管理好所有事务。董事会授权建立大学的行政机构,设置了从系主任、学院院长以及教务长、财务处长、招生处长直到大学副校长和大学校长的行政机构及官员。②这一阶段美国向德国大学学习,学院的任务除了传授知识,还增加了科学研究。19世纪初期,教师职业的专门化在美国开始出现,教师谋求对学术事务发言权的斗争时有发生,由于董事会人士缺乏相关的学术知识,有关学术方面的事务不得不让位于学校中的教师,但是制定政策、财务管理等一些行政事务仍然由董事会管理。③同时,深受德国学术自由思想的影响,赋予教师一定的学术自由权利,院长独自负责行政事务和学术事务的时代过去了,教师成为董事会、院长之外的治理主体。教师的权利在董事会的保障下得到了良好的发展,教师主要通过系和学院的各种委员会以及大学层面的教授会参与治理。

在这一时期,教师地位提升,逐渐参与管理。美国的大学和学院在董事会的领导下,由校长和院长负责行政事务,学术事务由教师组成的教授会以及各种委员会负责。

3. 成熟阶段(1915年至今)

随着高等教育规模扩大,教师数量增多、学术水平提高,教师地位也随之提升,教师群体的力量不容忽视。在这个时期,高水平的教授学者组成了行会组织。1915年,美国大学教授协会应运而生,为教师参与治理提

---

① 陈学飞. 美国高等教育发展史[M]. 成都:四川大学出版社,1989:44.
② 徐来群. 美国公立大学系统治理模式研究[M]. 上海:上海交通大学出版社,2016:22.
③ 别敦荣. 中美大学学术管理[M]. 武汉:华中理工大学出版社,2000:67.

供了保障。此后，经过教师的进一步努力和争取，他们通过学术评议会取得学术事务的立法权，系部成为教师进行重大决策的场所。①

通过大学教授协会等学术团体的不懈努力、大学教师队伍的壮大以及终身教职等制度的影响，教师在学院治理中的决策权增强，管理的范围扩大。这个时期教师的权利主要包括制定招生规模和要求、教师招聘和晋升、课程的设置、学位标准的制定、选举行政人员、参与政策的制定等。1966年，《学院与大学治理的联合声明》发布，共同治理模式被正式提出。该声明主要阐述了董事会、行政人员以及教师在学校治理中的作用。其中有关教师的角色提出，教师在课程教授、教师招聘、晋升与解雇等领域的决策上起核心作用，而且，凡是影响到学院学术发展的所有方面，教师都拥有话语权。在经历20世纪60年代的学生激进运动及70年代教师的集体谈判后，大学内部治理的变革显得更为迫切，高校内部治理趋向于各利益主体共同参与的共同治理。②

综上，美国的学院治理经历了从董事会领导下的院长负责制到教师逐步参与治理，再到20世纪学术管理系统与行政管理系统共同构成学院治理的结构。

（三）澳大利亚研究型大学学术治理体系演变历程

1. 教授治理时期

高等教育初创时期，政府对大学的干预很少，研究型大学处于完全自治的状态，在大学内部教授拥有绝对权力，不受其他行政权力的干扰，只听从学术同行的认可，而学术同行的规模很小，因而在19世纪50年代到20世纪50年代研究型大学处于教授治理时期。

殖民地时期的澳大利亚大学深受英国大学传统的影响，再加上当时大学规模小，因而是以自治的学术部门为基础的，行政管理处于最微弱的状态，这导致财政危机一再出现。尽管有时政府也会介入，且介入的规模范围会很广泛，但就纯粹的典范模式来说，大学是靠一小群教授凭借他们自

---

① 顾建民. 大学治理模式及其形成机理[M]. 杭州：浙江大学出版社，2017：53.
② 袁利平，段肖阳. 美国高等教育治理的历史演进与实践逻辑[J]. 河北师范大学学报，2016(06)：91-99.

己的动机和目标来运营的，拥有强大的自治力量，不会轻易接受外界的干预，教授们只认可同行的认可，而这一时期他们的同行寥寥无几，因而大学实际上像是私人俱乐部一样运转，行政人员和初级教师就等于服务员，"管理人员"还未出现，由此，形成了"学校自治"和"学术自由"的早期形式。澳大利亚大学治理受"学校自治"和"学术自由"理念的影响，形成了与英国牛津大学、剑桥大学一致的学者自治的教授治理制度。之后澳大利亚37所公立大学的治理结构模仿了英国重工业城市出现的城市大学（civic universities）中的两院制结构（bicameral structure）。[①] 根据这种结构，依据大学的法律法规成立了理事会以及学术委员会。世俗的大学理事会负责财政事务，学术委员会负责学术事务。[②] 两院制与一院制的不同之处在于，一院制是单一的治理机构，最终负责决定学术和财务问题。

2. 社团治理时期

高等教育规模扩张时期，澳大利亚政府增加了对大学的财政支持。在大学内部，教授不再是学术寡头，教授主导的学术社团开始发挥作用，他们在学术委员会中用合议的方式处理大学的一切学术事务，因而，20世纪50年代到80年代，研究型大学处于社团治理时期。

社团治理时期是指没有任何治理机构会在不咨询学术委员会的情况下，在重大政策问题上采取行动，大多数政策问题都是在学术委员会层面上解决的。然而，学术委员会整体上都是学术领导者（一般只有最资深的学者），他们不经常碰面，大学依靠一个广泛的常设委员会系统来组织他们的集体事务。[③] 这是一段合议时期，是由教授主导的学者团体用合议的方式进行研究和教学，即大学是由学者领导的而不是首席行政官。此时，澳大利亚大学的学术委员会是至高无上的，不仅因为它的成员"负责基础工作，承担

---

① Amaral A, Jones G.A, kaseth. B. Governing Higher Education: National Perspectives on Instrutional Governance[M]. Boston:kluwer Acadermic Publisher, 2002: 279-298.
② Shattock M. Managing Good Governance in Higher Education[M]. Maidenhead: Open University Press, 2006.
③ Dearlove J.A Continuing Role for Academics: The Governance of UK Universities in the Post-Dearing Era[J].Higher Education Quarterly, 2002（03）: 257-275.

最沉重和最具体的责任"①,还因为他们往往决定各自所在大学内最重要的问题。此时,治理和管理责任没有分开,大学理事会一般在学术事务上没有权威。这个时期,理事会坚持要求咨询学术委员会,通过将特定事务的决策权,包括高级学术人员任命和某些财务事项授予学术委员会而削弱理事会的权力,因为在20世纪80年代之前,澳大利亚各州政策都把教育作为公益事业,学术委员会的职权范围是促进和支持大学内部学术事务自治。当时的资料表明,学术委员会职责范围不仅包括批准并监督学术项目、确定组织结构及定期审查、从各个部门推举学术领导参加论坛等其他事务,还包括为大学制定战略方向、任命学术人员和负责管理学术人员的晋升、规定大学内的资源分配,因此,学术委员会在历史上一直是实施合议治理的主要场所。②

3. 多元治理时期

20世纪80年代末,因国家高等教育政策的变化和来自企业和公共部门的商业实践的影响,澳大利亚大学倾向于快速的、由管理层主导的决策。管理主义治理模式(managerial modes of governance)开始兴起,因而出现了社团治理模式和管理主义治理模式并存的局面。这表现在学术委员会中高级行政级别员工的规模和范围的大幅扩张,以及有的学部(由多种学术学院构成的组织单位)负责人从选举产生转为任命产生,因此,学术委员会变成了由选举产生的成员和有管理级别职位的成员组成的代表委员会。自此,委员会构成发生了改变,很大程度上增加了当然成员(有职权的领导,如副校长、院长等)的数量,高级行政团队的规模和范围开始扩张,澳大利亚研究型大学在20世纪80年代以后处于多元治理时期。在20世纪80年代末期和20世纪90年代早期,学术委员会在引进代表模式之后,委员会的规模不断扩大,一方面因为学术委员会当然成员数量的实质性增长,另一方面因为社团治理时期教授在学术委员会中形成了特定的话语权,而初级学者和女性无法加入其中,管理治理模式时期改变了这一现状,让非

---

① Moodie G.C, Eustace R. Power and Authority in British Universities[J]. British Journal of Sociology[M]. Oxford University, 1974: 254.
② Rowlands, Julie. Academic Boards: Less Intellectual and More Academic Capital in Higher Education Governance?[J]. Studies in Higher Education, 2013(09): 1274-1289.

教授的其他学术人员可以参与决策。这与普遍观点相反,即学术委员会的规模在社团治理期间是最大的。

与此同时,学术委员会的业务范围也有所减少。例如,20世纪90年代撤销了预算和规划责任,学术委员会再没有参与过与战略、运营和财务规划有关的决策,工作的重点放在保证学术质量上。这是因为学术委员会成员不再具备做出战略、运营和财务相关的决策所需的技能或专业知识,因而,此时的学术委员会处于被动状态,不再主动考虑一些问题,实质上成为事务处理机构。理事会任命的行政人员,如常务副校长和副校长,担负起与先前学术委员会核心优先事项有关的职责,如教学、学习和研究等,这意味着学术委员会对学术决策的投入会进一步减少。[1]一些学术委员会常设委员会已经被高级管理常设委员会取代或替换。在澳大利亚,高级管理委员会通常由直接向校长汇报的人员组成,包括常务副校长和副校长、副总理和高级行政领导,学院或学部的院长也是这一群体的成员。[2]在澳大利亚,高级管理委员会在向校长提供关于影响大学的所有关键战略、运营和财务方面的初步建议时发挥了重大作用,然而,他们并不是大学正式委员会的一部分,而是代表了一种新的、有效的治理和管理流。这就使得学术人员可以将他们的时间和精力集中在教学和研究上,而不是转移到行政和管理责任上。

二、国外大学治理的人本理念实践

(一)美国弗吉尼亚大学学院治理理念及特点

1. 弗吉尼亚大学学院治理理念

(1)教师治学

教授治校源于西欧中世纪的巴黎大学。它是当时典型的由教师管理的

---

[1] Baird J. Taking It on Board: Quality Audit Findings for Higher Education Governance[J]. Higher Education Research & Development, 2007, 26(1): 101-115.

[2] Coates H, Meek L. Across the Great Divide: What do Australian Academics Think of University Leadership? Advice from the CAP Survey[J]. Journal of Higher Education Policy & Management, 2010, 32(04): 379-387.

大学。教师组成自己的行会性团体，选举校长，选择学生，决定教学和学校其他生活事项，审定和颁发教师资格证书（即后来授予学位的起源），并与外界抗争，保障学校师生的权益，维护学校管理自身事务的权利。

　　美国早期的殖民地学院没有机械地模仿巴黎大学的教授治校管理模式，而是由院外人员组成的董事会进行管理，董事会经常不在学院，院长就承担起学院的日常行政事务，教师主要进行教学工作。随着学院规模扩大、学生人数增加、教师专业化发展，仅凭院长一个人无法管理学院内所有行政事务，由于董事会的非学术性，学术事务开始让教师参与处理，教师主要通过各种委员会参与大学和学院的治理。1915年，美国大学教授协会成立，明确提出保护学术自由的原则，维护了教师在学术事务上的权利。在美国大学中，学术人员之所以能和董事会、行政人员形成三权制衡的局面，是因为学术人员的权利得到了充分的保护，赋予教师自由表达自己的学术观点的权利，这一制度就是美国大学的终身教职制度。[1]教师只进行学术事务的决策，即使是有关教师聘用和提升的决策，教授协会也只是向院长和校长"推荐"，最终决定权仍在院长、教务长和校长，所以美国大学的体制是"教师治学"。

　　在弗吉尼亚大学建校之初，杰斐逊（Thomas Jefferson）除了承担设计大学校园的重担之外，还亲自监督学校的内部事务，包括课程设置和教师的聘任。在聘请教授时，杰斐逊希望各个不同的学科都能聘请到学术水平最高的人才，不局限于美国本土，积极在欧洲特别是英国寻找一流的教授学者，在聘请学者时不仅选择受过良好教育的人，同时也关注道德、习惯、心胸和为人等方面。杰斐逊认为，一个教授必须严肃认真、品德端正，有良好习惯，有传授知识的才能，而且亲切、和蔼。杰斐逊是美国民主党的领袖，他对联邦党人的精英政治、等级观念等深恶痛绝。根据杰斐逊的意愿，弗吉尼亚大学在整个19世纪不设校长，学校的行政管理由教授团主席轮流负责。[2]直到20世纪初，弗吉尼亚大学有了第一任校长。弗吉尼亚大

---

[1] 孟倩. 大学内部治理的分权与制衡——博弈论的视角[M]. 北京：中央编译出版社，2016：42.
[2] 舸昕. 漫步美国大学：美国著名大学今夕纵横谈（续编）[M]. 哈尔滨：哈尔滨工业出版社，2000：36.

学和学院都体现着"教师治学"的理念。大学是传授和研究高深学问的地方,大部分大学的董事会或理事会都是由校外人员组成的,这些人一般来说并不通晓高深学问的奥秘,学术性是大学的本质属性,学术问题应由学者组成的学术团体来解决,因此,在大学层面出现了代表学者利益的机构,如学术评议会或大学教授会等。在学院治理中,学术问题的决策需要专门化的学科知识,才能保证决策的有效性,学院的学术事务应由以教师为主的学术系统来决策。为了提高决策的效率,行政管理系统也是必不可少的。

（2）学生自治

在19世纪之前,美国的教会对学校干预得多。大学生年龄较小,人数比较少,学生在当时地位不高。而且学校管理严格,学生必须服从学校的各项纪律,否则可能面临退学,殖民地时期的大学生毫无自由可言。从18世纪末起,随着美国联邦政府的建立和以杰斐逊、杰克逊为代表的美国共和党、民主党的上台,大学生的民主意识逐渐增强,反权威、争独立、摆脱学校和教师的控制就成了当时大学生的时尚。[1]

杰斐逊是美国民主政治的先驱。在弗吉尼亚大学创立之初,杰斐逊就要求学生自我约束。杰斐逊认为,来自良好家庭的青年,应该能够自我约束,实行自我管理。因此,杰斐逊提出学生自治的计划。杰斐逊刚开始主张学生自律自管,但是由于学生年龄小（都未满20岁）,在一个完全自由的环境中无法约束自己,导致学生形成了很多的不良行为,学校一度处于无纪律的状态,杰斐逊的理念没有达到预期的结果。后来他主张严格的纪律是学校管理的根本,制定了更严厉的法规。[2]从那时起,勤奋、秩序和安静蔚然成风。在19世纪30年代,弗吉尼亚大学学生骚乱频繁发生。一名法学教授发现学生与教授的对立情绪来自学校的管理,"荣誉制度"（Honor System）应运而生。荣誉制度主要是规范学生的行为,引导学生自我约束、自我管理,是学生自治的制度保障。荣誉制度的条例化始于1909年,在

---

[1] 舸昕. 漫步美国大学：美国著名大学今夕纵横谈（续编）[M]. 哈尔滨：哈尔滨工业出版社,2000：393.
[2] 阮宗泽. 美国开国三杰——民主之魂杰斐逊[M]. 北京：世界知识出版社,1996：293.

1935年"荣誉制度"的管辖范围被定为"当代学生们公认的不名誉行为"。[①]二战之后,为了适应新的变化,弗吉尼亚大学在1945年成立了学生理事会(Student Council),代表学生的利益。1954年发生了一起性丑闻,但性丑闻的参与人得到了从轻发落。事后,校长与学生会合作,将学生自治系统改组,建立了司法委员会与荣誉委员会(Honor Committee)并行:司法委员会处理学生触犯法律的案子,荣誉委员会处理违反"荣誉条例"的案子。[②]这样,学校的行政管理人员不直接指出学生的不当行为,而是通过学生组织来处理犯规的学生。在20世纪60年代末美国大学学潮之前,弗吉尼亚大学的学生在校内享受的特权和地位是全美大学中最高的,其主要原因就是学生的自治。[③]1977年,学生团体批准了荣誉委员会的章程。对所有学生来说,自治意味着处理好责任和自主权之间的关系。选择、行动和决策贯穿学生的整个生活,为了培养学生成为领导者,必须给予学生权利来自由表达他们自己的想法,并对其后果负责。

弗吉尼亚大学有着学生自治的传统,学校肯定了学生的权利,在学院中,学生通过学生组织和在委员会担任学生代表两种方式积极参与学院治理。

(3) 社会服务

社会服务的理念最早在美国大学中有所体现。沃德·凯利(Ward Kelly)认为,美国大学的社会服务理念可以追溯到殖民地时代。[④]殖民地学院主要培养教会需要的教士和世俗社会所需的专业人才与公职人员,这个时期的人才培养是为了服务世俗社会。现代意义上的社会服务源于19世纪60年代,从现代大学发展历史来看,大学清晰的、普遍的社会服务观念始于美国"赠地学院"创办时代。[⑤]"赠地学院"实现了美国高等教育职能向

---

① 舸昕. 漫步美国大学:美国著名大学今夕纵横谈(续编)[M]. 哈尔滨:哈尔滨工业出版社,2000:394-395.
② 舸昕. 漫步美国大学:美国著名大学今夕纵横谈(续编)[M]. 哈尔滨:哈尔滨工业出版社,2000:396.
③ 舸昕. 漫步美国大学:美国著名大学今夕纵横谈(续编)[M]. 哈尔滨:哈尔滨工业出版社,2000:42.
④ Kelly W. Faculty Service Roles and the Scholarship of Engagement[J].ASHE-ERIC Higher Education Report,2003,29(5):6.
⑤ 蒋达勇. 现代国家建构中的大学治理:基于中国经验的实证分析[M]. 北京:中国社会科学出版社,2014:179.

为社会经济发展提供直接的服务方向延伸。①康奈尔大学是"赠地学院"运动中建立的一所大学。康奈尔大学的办学思想体现在"康奈尔计划"中,"康奈尔计划"树立了大学的服务观念,主张大学要为所有的人提供他们需要的课程计划,建议学习商业、管理、人际关系等以服务于社会,也即大学要为所有的个人和社会提供广泛而适用的服务。美国大学的社会服务职能有着悠久的历史。1904年,"威斯康星理念"主张高等学校应该为区域经济与社会发展服务,从此高等教育的职能从教学、科研扩展到社会服务。1990年以来,美国大学的社会服务被纳入大学教师的社会化、工作考核、奖励体系、绩效评估体系以及大学的影响力评估当中。②

弗吉尼亚大学在创立之初,把社会服务作为大学的使命,注重为本州的社会文化发展服务。弗吉尼亚大学肩负着为弗吉尼亚人民服务、领导人类知识的进步、造福本地区和世界的使命,以培养领导者和博学多闻的公民为目标。弗吉尼亚大学是一所公共事业机构,世俗性是弗吉尼亚大学早期发展的一个重要特点,如大学的图书馆向社会开放,坚持公益性的原则,为弗吉尼亚州及其他地区的学术活动提供了重要支持;设立医学中心,旨在培养具有人道主义的医生和科学家,改善人类的健康状况;设立各种中心和团队,负责不同的公共服务事务。除此之外,现在的弗吉尼亚大学是整个弗吉尼亚州经济和政府收入的重要来源,积极为本州居民提供就业岗位。

（4）国际化

美国大学的国际化一开始是受欧洲的影响,哈佛大学的创立开启了美国的高等教育时代。哈佛大学创立之后,该院众多的学生和毕业生曾远渡大西洋,到英国学习文学、医学、法学、神学,然后返校任教。③这些学生赴英留学,带回先进的教育思想。美国独立建国初期,其高等教育由效仿英国转而取法于法国的民主教育思想及办学模式。④在这个时期,官方开始注意学生、学者的国际交流与学习问题。从1830年至1910年有高达500

---

① 王廷芳. 美国高等教育史[M]. 福州:福建教育出版社,1995:174.
② 陈贵梧. 美国大学社会服务使命及其实现路径[J]. 高等教育研究,2012（09）:104.
③ 王廷芳. 美国高等教育史[M]. 福州:福建教育出版社,1995:279.
④ 王廷芳. 美国高等教育史[M]. 福州:福建教育出版社,1995:279.

万德国人移民美国,移民中有不少人长期在大学执教,他们带来了优良的学风、丰富的教学经验,强调研究生教育和学术研究,呼吁改革美国教育制度,对美国文化和教育的发展做出了很大贡献。[①]"赠地学院"创建之后,一大批学生和专家学者到欧洲学习、进修,促进了科研和学校的发展。南北战争之后,美国工业崛起,国力强大,一些周边国家和亚洲国家的学生开始去美国留学。二战后,美国政府出台法案、创建项目,支持美国学生和学者到国外留学、游学、研究,促进国际教育交流。随着美国高校开展国际交流的步伐逐渐加快,美国日益成为世界各国专家的汇集之地和国际交流的中心。这个时期主要是留学生和学者带来的国际交流。美国是一个极力倡导高等教育国际化的国家,为了维护国家利益、提高国际竞争力,美国自20世纪80年代以来一直积极进行高等教育国际化的努力。

2. 弗吉尼亚大学学院治理的特点

(1) 学院顶层设计科学合理,彰显学术本位理念

顶层设计是在整体规划基础上的具体化。弗吉尼亚大学学院在顶层设计过程中,对治理主体的职责进行合理分配,明晰了委员会系统和行政管理系统的权力边界。学术事务由以教师为主的教师委员会和各类委员会来处理,行政事务由院长、副院长、系主任等行政管理人员来处理。教师委员会和各类委员会在学科建设、专业设置、课程设置、教学管理、科学研究、学术评估、学术发展等学术事务的讨论、决策方面起到了重要作用,保证了决策的有效性,为了保证决策的效率,行政管理系统也是必不可少的。行政管理系统主要负责学院的管理规划、人力资源、教师薪资、研究战略、研究中心运作、学院预算、财务管理等行政事务。学院的顶层设计科学、合理,学术权力和行政权力职责分明、权责清晰,合理地划分了权力范围。

弗吉尼亚大学学院的顶层设计既体现了学术属性,保障了学术权力的操作性,又发挥了行政权力的作用。学术性是大学的根本属性,学院是大学的二级单位,在学院中学术性的体现更明显,弗吉尼亚大学在学院治理过程中体现了学术本位的原则。学院通过科学合理的顶层设计,实现了学术权力和行政权力的有序行使,彰显学术本位的同时保证了决策的效率。

---

① 钱小龙,孟克. 美国高等教育国际化概论[M]. 南京:南京大学出版社,2017:18.

(2)多元主体参与学院治理，构建共同治理结构

美国大学教授协会于1966年在《学院与大学治理的联合声明》中指出，共同治理指基于各方特长，将特定的权力和责任分配给大学内部不同的利益相关者（包括董事会、行政人员、教师和学生），以此分别给予不同群体不同权力，建立利益相关者互相沟通的渠道和方式。①

弗吉尼亚大学中不同的利益主体以不同的方式参与大学和学院的治理。在大学层面，董事会、校长、教师评议会和学生共同参与大学的治理。在学院中存在不同的学院治理类型，总的来说，包括以院长为首的行政管理系统、以教师为主的委员会系统和学生群体。行政管理系统包括院长、副院长和系主任，委员会系统包括教师委员会和各类委员会。在弗吉尼亚大学学院中，行政事务由行政管理系统负责，学术事务决策在委员会中进行，委员会中有一定比例的普通教师和学生代表，体现了共同治理的理念。

在学院中多元主体共同参与治理，行政权力和学术权力既相互交织又相互独立。委员会系统以教师委员会为主要代表，如教育与人类发展学院和建筑学院的教师委员会主要负责学术事务，为教师参与学院治理提供机会，由该系的教师组成，成员由教师选举产生，主席从成员中选出，而不会考虑院长和系主任，体现了行政权力和学术权力的相互独立；工程学院的教师委员会主要的职责是向院长和系主任提供有关学院事宜的建议，包括学院的长期规划，将教师的意见和想法传达给学院的行政官员，定期向教职员工报告需要其关注的问题等。教师委员会一方面协助院长处理学院事务，另一方面代表着教师参与学院治理，体现着行政权力与学术权力的相互交织。

学院的学生会和研究生会是代表学生利益的团体，是学生自我管理、自我服务的团体组织。除了专门的学生自治组织之外，各个学院的委员会中有学生代表，比如，教育与人类发展学院的教师委员会成员中有学生成员，医学院的学术标准和成就委员会、招生委员会、课程委员会、多样性联盟委员会、医学生宣传委员会都有学生的参与，其中课程委员会的学生具有表决权，医学生宣传委员会每次举行的会议必须有学生出席；护理学

---

① 赵跃宇. 世界一流大学内部治理体系研究[M]. 北京：高等教育出版社，2016：32.

院的学生也会在学院的常设委员会任职,参与学院事务的管理。通过学生会、研究生会以及担任委员会代表参与和学生有关的学院事务,保障了学生的正常利益,体现了弗吉尼亚大学学院治理过程中民主参与管理的思想。

在学院治理中,各个权力系统之间存在一定的制衡。总的来说,在弗吉尼亚大学学院治理中,以院长为首的行政管理系统、以教师为主的委员会系统和学生群体共同发挥了作用。

(3)制度体系完善,为学院治理提供保障

弗吉尼亚大学内部治理有序进行,完善的制度体系是基础。大学内部以及学院内部的各项工作都是依据章程和规章制度进行的,弗吉尼亚大学的制度建设有着悠久的历史。

从州层面到大学层面再到学院层面,关于治理都有详尽的制度规定。州法律规定大学在办学目标、招生人数、人才引进、经费筹措与使用、专业设置、课程设置等方面,都有一定的自主权,从而激发了大学的办学活力,推进了大学的整体发展。在大学层面立章建制,主要包括《董事会章程》《教师评议会章程》《教职员手册》和《学生理事会章程》,对董事会、校长、教师和学生的职责都有明确的规定,治理主体的管理受到规章制度的制约。除了治理主体权责分明之外,学校的其他工作事项也有相应的规章条例,如终身教职、教师聘用、人才引进、教师晋升、招生规模、学术政策、人才培养、科学研究、财务管理等,都有详细的规定。

不仅学校层面的规章制度完善,学院层面的制度建设也比较完善。学院层面有学院章程以及委员会制度。学院章程中规定了院长、副院长、系主任等行政人员的权责范围。委员会制度规定了以教师为主的学术权力的职责范围,主要有教师招聘、同行评审、晋升标准、教师薪资、学术政策、教学评估、学生自治和财务管理等工作。

弗吉尼亚大学内部和学院内部相关的规章制度都会在网上公布,具有很高的透明性,保障了治理的公平、公正、公开。弗吉尼亚大学制度体系健全,学院章程以及内部的规章制度,保证了治理主体的权责有法可依,促进了学院治理稳定有序地进行。

(4)权力相互制衡,保证权力的良性运行

董事会、校长、教师评议会和学生共同参与大学治理。教师评议会在处理学术事务的过程中受行政管理系统的制约，教师评议会管理学术事务，但教师评议会的成员由董事会选举产生，且校长、副校长和各个学院的院长是教师评议会的当然成员（ex officio）。校长属于行政人员，同时又担任教师评议会的主席，在教师评议会中有一定的发言权。教师评议会是教师参与大学治理的主要机构，教师评议会在处理好学术事务的基础上需要向常务副校长兼教务长提供学术事项的建议，并且在学术上的见解也要向教务长、校长和董事会成员分享。大学层面除了教师评议会承担学术事务之外，负责研究的副校长分管设计、艺术和人文研究等学术事务，负责学生事务的副校长管理着学生的职业生涯发展、专业发展等学生事务，负责管理的副校长监督学生理事会的内部管理和运作，包括财务、财产、信息技术、通信、宣传和服务，负责组织的副校长监督内部组织的情况、分发学生活动经费以及分配资源。在大学层面，学术权力与行政权力相互制衡。

在弗吉尼亚大学学院治理过程中，学院充分尊重教师的意见，教师发挥的作用比较大。教师主要通过学院的教师委员会和其他各类委员会来参与学院治理。委员会负责与学术相关的一切事物，包括学术标准、招生、课程设置、教师晋升、教师招聘、教育政策等事项。教师委员会的成员由副院长提名，院长任命。院长是所有常设委员会的当然成员，有发言权，只有在票数相等的情况下才有投票表决权，副院长也是常设委员会中的当然成员。学院中存在终身教职、教师晋升委员会，委员会中的教师进行讨论、决策，但是最终决定权在院长。院长要对学院中的学术项目以及教职人员的活动进行监督，教师委员会的教师对院长等行政人员定期审查，每半年审查一次行政人员的表现。每个学院有分管不同事务的副院长，副院长会负责部分学术事务与学生事务，如教育学院副院长的职责范围包括学术程序审查、教师研究、学生管理、课程等方面。行政权力与学术权力相互制约，共同促进学院发展。

行政权力与学术权力在职责方面相互独立，权责分明，各自分管不同的事务，同时又相互交织在一起，并发挥一定的制衡作用，保证了权力的良性运行。主要原因是学院在制度上厘清了行政权力与学术权力的边界，制度规范着权力的运行，明晰了各权力主体的职责，发挥了学术权力应有的作用。制度环境是权力关系形成和维持的基础，制度环境的建立，不仅保障着组织内部各利益主体在权力关系博弈中的均衡，同时也为各权力主体提供了权力来源的合法性、权力的边界、权力运行的程序。[①]

（二）澳大利亚研究型大学学术治理体系运行过程

1. 研究型大学学术治理机构的决策程序

澳大利亚研究型大学学术治理实行委员会决策模式，其参与式文化吸引员工广泛参与大学治理，委员会成员具有广泛代表性，且具有专业技能和管理能力，他们为决策的制定贡献自己的专业知识和技能，实现利益相关者"在场决策""在场监督""在场制衡"的科学决策。

澳大利亚研究型大学学术委员会的成员来自不同利益集团，代表了学校不同利益集团的利益，促进了不同利益集团间的交流，平衡了不同利益集团的权益。每位成员都是学校学术决策的参与者，唤醒了其潜在的主人翁情感，可以更加积极主动地为学校的学术发展出谋划策，学术委员会也尊重每位成员的意见建议。学术委员会被推举的成员大部分在大学没有正式的管理位置，他们可以独立于理事会和大学行政团队的学术委员会之外做出职权范围内的学术决策，他们肩负与校长和其他高级领导者不同的责任和任务。

2. 研究型大学学术治理机构的执行程序

（1）课程项目的批准程序

学术委员会负责制定和评估学术事务的政策、规则、指南和程序，但它必须保证这些政策结构能保证学术质量，并符合大学的需要。通过评估的方式，学术委员会监管政策结构的落实与生效。评估的过程是双向性、共治性的，旨在学术单位为大学规定的质量要求提供建设性的反馈。监管工作是由具体的分委员会开展的，定期开会讨论确保有效落实复审工作。由于这种复审机制保证了学术惯例中学部的标准平等和跨学部的公平，分委员会制定的实际工作标准被应用到大学所有的学部，然后由分委员会每六周向学术委员会报告讨论结果和建议。自2012年起，学部和学院的提案都要经过双审核程序：学术项目委员会秘书将提案交给主要指导者和辅助指导者，他们提出意见后上交到学术项目委员会。

[①] 张德祥，黄福涛. 大学治理：权力运行制约与监督[M]. 北京：科学出版社，2016：35.

总体而言，学术委员会是从所有学部中选拔大学的高级学术人员组成的大型的学术机构，其本质是要保证大学的学术质量。由于学术委员会成员在不间断地进行着跨学部的审查，从参与到学校的核心研究和教学活动，到了解学术活动的开展情况，委员会的成员与学术人员定期地在一起工作，培养了他们的共治意识和大局意识。

（2）学术人员的晋升程序

澳大利亚研究型大学晋升委员会依据各个大学在《企业协议》规定的职称等级的最低标准来决定学术人员是否符合晋升要求。学术晋升的依据是成绩，不管晋升何种职称等级，申请晋升的人员必须提供已达到晋升标准的证据材料。例如，昆士兰大学纵向的组织单位从基层到高层依次为学院—学部—大学，来自学院的申请者会接受来自院长和院长任命的评估者双方对申请者的评价。评估申请人教学能力的评估者可以是学生或者同事，他们拥有申请人教学的第一手资料，会对申请人的教学能力进行多方面评价。评估申请人学术成就和原创成果的评估者是学院的教授，会对申请人的学术成就和原创成果做出客观评价。

（3）学术不端的处理程序

大学规定任何人均可向学生的课程协调员、副院长、院长、行政部长、研究生院院长、学术主任或纪律委员会主席投诉学术不当行为。收到投诉的工作人员将投诉提交给相关的诚信官员，诚信官员是学校正式任命的学术人员，向学生和教职员推广学术诚信的价值观和惯例，为学术人员提供有关学术诚信教育策略的指导，为决策主体提供指导和支持。诚信官员在学校层面是学校教学委员会主席，在学部层面是副院长（学术），在研究院层面是研究院副院长，在协会层面是研究中心主任。在与诚信官员协商之后，他们需及时进行初步调查。诚信官员在收到初步调查报告后可酌情考虑是否有必要进一步调查，可以咨询学生是否是无意造成的学术不端，直接向学生提出矫正建议，以纠正他们的行为。如果学生拒绝接受提出的辅导咨询，包括任何修改和重新提交的要求，诚信官员或学术主任在完成初步调查后的五个工作日内向决策者提交学术不端行为指控。

决策者在考虑学生入学时间长短、不端行为的性质和程度、学生的纪律记录、是否有意为之以及对他人造成的影响等相关因素之后，对学生不当行为的惩罚层次做出决定，一般分为三个层次：层次Ⅰ的学术不端行为，决策者可以给予书面警告，进行诚信教育，一周之内暂停使用学校设施或服务，有学术不端的作业给零分等处罚；对层次Ⅱ的学术不端行为，除了与层次Ⅰ的惩罚相同的方面之外，更加严厉的是取消与不当行为有关的课程的学分，论文的检测报告无效；对层次Ⅲ的学术不端行为，除了与层次Ⅰ或Ⅱ的惩罚相同的方面之外，更加严重的是暂停使用学校或学院的设施或服务长达5年，取消课程的学分，5年之内不得重新入学，被大学开除。

一旦决策者做出决定给予学生惩罚，决策者就必须给学生一个书面通知，通知中必须声明学生有上诉的权利和申请上诉的时间段、学生不当行为的层次、最终的惩罚决定、做出此决定的原因以及上诉的结果。上诉的结果有三种情况：第一种，不改变最初的决定；第二种，降低惩罚水平；第三种，提高惩罚水平。学生在收到通知后的20个工作日内向学术主任提出上诉申请。上诉申请中必须清楚地陈述上诉的决定和上诉的理由，理由包括：学生获得了实质性的信息；做出这个决定的过程是不正确的或者不公平的；决策者所施加的惩罚与所谓的不当行为的程度不成比例。在提出上诉申请时，学生必须附上所有相关的支持申诉的文件。

层次Ⅰ学术不端行为引起的上诉将由行政院长审理和决定，层次Ⅱ学术不端行为引起的上诉将由纪律委员会审理和决定，层次Ⅲ学术不端行为引起的上诉将由参议院纪律上诉委员会审理和裁决。参议院纪律上诉委员会在处理上诉的过程中，必须在开庭前至少5个工作日向学生发出上诉通知书。上诉通知书必须提供：对学生不当行为的描述；所谓的不当行为发生的情况；原决策者所声明的惩罚；学生提出的上诉理由；听证会的日期、时间和地点；邀请学生参加听证会并通知其可以让具有律师资格的申辩人员陪同的声明；可以在缺席的情况下听证的声明。在收到上诉通知书后，学生可以向参议院纪律上诉委员会的秘书提出申请。委员会必须根据学校和学生提出的证据来确定是否审理上诉。

3. 研究型大学学术治理机构的监督程序

为了规避学术组织及其成员滥用学术权力，防止基层学术组织内部"学术寡头"统治的形成，同时保护教师与学生的权利与利益，必须进一步强化校内监督保障机制。大学的学术委员会接受理事会与大学行政团队两者的监督，学术委员会以及常设委员会之间相互监督。理事会依据《大学学术委员会快速向导》中规定的学术委员会以及常设委员会的权力、职责和议事程序等事项对学术委员会的工作开展监督。同时大学行政团队中有相应职位的行政人员负责对学术委员会的工作进行监督，如教务长的主要职责就是对学术政策、科研项目和教学活动进行开发和监督。学术委员会也依据《大学学术委员会快速向导》对常设委员会的工作进行监督，确保学术委员会授权给常设委员会的各项事务工作得以合法合规地开展。澳大利亚研究型大学的权力高度分化在不同的治理机构中，在权力机构网络中，每一个权力主体既是权力监督者，也是权力被监督者，确保了权力的分解与制衡，使得大学的治理风格愈加开放民主，促使大学的治理机制持久良性运转。

三、国外大学治理人本理念运作的经验与启示

（一）国外大学治理人本理念运作的经验

1. 大学自治——有效大学治理之前提

大学并非天生享有自治的特权，而是办好大学的内在规律使然。《世界高等教育宣言》明确指出：大学自治和学术自由是 21 世纪大学发展的永恒原则。哈佛大学前校长博克（D. Bok）认为，大学的运行未必都是理性的，为了维护公众的利益，政府有时可以对大学做出适当的约束。但是，这种限制应以不妨害学术自由为限度。否则，它有损社会发展的根本利益。英国历史学家帕金（S. Pakin）教授认为，大学追求、传播知识需要自由。当控制大学的种种力量软弱分散时，"大学之花"就开得绚丽多彩；当种种控制力量强大时，它以各种有害于教学和研究自由的方式实行控制，从而给大学造成损害。大学要健康发展、成长壮大，自治不可或缺。"失去了自治，高等教育就失去了精华。"[1]

2. 通识教育——培养"人才"之根本

人们之所以要重视通识教育，是因为通识教育是最能通晓人性之教育，

---

[1] 转引自：[美]布鲁贝克. 高等教育哲学[M]. 王承绪，等，译. 杭州：浙江教育出版社，1987：31.

从根本上促进人格健全和谐发展,是培养人们所期望人才之根本。例如,哈佛大学极力推行文理融合的博雅教育,它的学生直至完成四年的人文和自然科学教育后,才真正进入专业训练。这种教育不仅赋予了学生较强的专业技能,而且使学生善于观察、勤于思考,并通过文理渗透,塑造了学生健全完善的人格。

3. 学术自由——大学理念之灵魂

学术自由,在西方历史上不仅仅是一种价值理念,同时也是一种具体的制度。人们之所以认同学术自由是因为大学的传统被赋予了一种人类精神的象征。大学之学术自由是一种信念,只有学术研究不受国家、政府、权势和各种特殊利益集团的限制,知识才能得到最好的发展;只有在知识有了最好的发展时,社会的长远利益才能得到最好的保障,而社会终究是人的社会,人仍是社会的主人,社会的长远利益也就是人的长远利益,这里的人既指作为社会整体的人,也指作为社会个体的人。学术自由既满足了社会人对知识与人类理想追求的需要,也满足了个体人对人性完满的需要。学术自由既实现了人类社会对大学的期望和要求,也实现了大学自身生存发展的要求和目的。有学术自由之风气,方有学者科学研究、自由探索知识、真理之环境。因而,学术自由内涵的建构是大学理念构建的灵魂。

4. 教授治校——大学理念之保证

教授治校其意指通过大学章程或规程以及一定的组织形式,由教授执掌大学内部的全部或主要事务,尤其是学术事务的决策权,并对外维护学校的自主与自治。真正使"教授治校"这一理念得以确立并且影响深远的是德国洪堡创立的柏林洪堡大学。为了实现学术自由、大学自治、教学和科研相结合,柏林洪堡大学组成了以讲座教授为主的校务委员会,用以决定学校的办学方向、教育教学计划等有关事宜,并且每年一度推选校长。此后,"教授治校"的思想便传播到世界各国的大学。虽然各大学在办学特色上不尽相同,但在学校的内部管理制度方面却体现着共同之处,即教授治校,给教授协会较大的决策和管理权。随着时代与大学本身的发展,当代国外的教授协会制度已经不同于中世纪的教授治校思想,已向"教授治学"演化。

蔡元培先生是国内倡导"教授治校"的第一人。他在1912年起草的《大学令》中就有设讲座、评议会和教授会的规定。他在1916年到1927年担任北大校长期间,"教授治校"得到了贯彻和推行:北大建立了教授会、行政会、评议会三级权力组织机构,每级机构的主要管理者由教授组成,基层教授会主任是由基层教师选举出来的教授,而非上级行政部门任命。学校各个层次的决策与管理机构的管理者和决策者都是由教授互选产生的,而不是行政机关任命,是由校长聘任的受校长委托行使决策权的。蔡元培的"学术自由、教授治校"思想在其继任者蒋梦麟处得到延续和发展,并为梅贻琦对清华大学的改革提供了样本。

随着高等教育规模的不断扩展、学科的持续分化、功能的日趋多样以及社会联系的错综复杂,大学管理日益呈现出专业化和行政化趋向。在这种背景下,"教授治校"严格的意蕴即是"教授治学"。

5. 校长治校——大学治理之关键

在大学拥有办学自治权利的前提下,大学校长作为大学的最高管理者,是大学的灵魂人物和引领者。杰出大学校长的办学理念和风格,往往直接演化为大学本身的办学理念和风格。很多著名大学的杰出校长的治校理念与风格,对该校风格的形成乃至学校的建设和发展都具有巨大的影响和作用,甚至可以说,是推动大学前进和发展的直接驱动力。

另外,从对大学治理经典理念倡导者的个人考察来看,大学治理经典理念的倡导者往往以大学校长居多,无论是在西方,还是在中国,有如下几个显著特点:经典理念的提出和倡导者通常都曾有着高校高级行政权力,多是大学校长或相关人物;大学治理经典理念的提出和倡导者主要集中在人文(哲学)社会科学领域的学者中,如早期的费希特、洪堡和纽曼,20世纪的弗莱克斯纳、雅斯贝尔斯和克尔等;大学治理经典理念和高级教育行政权力相结合,往往产生巨大的实际效果和影响,大学治理经典理念的提出和倡导者的个人学习成长环境和社会活动经历是其后来思想形成的源泉,他们的理念几乎都能从其个人成长和社会活动的背景里找到源头;大学治理经典理念的提出和倡导之间有着严格的继承和创新。历史的经验证明,那些成就斐然的著名大学必有一批杰出的大学校长,凡杰出的校长必有一套属于自己的优秀的治校理念与风格,优秀的治校理念与风格必将引领大学发展和前进。

6. 社会服务——大学发展之手段

大学是社会发展到一定阶段的产物，从它产生之日起就承担着一定的社会责任，即通过教学培养社会所需要的人才，通过科学研究达到引领社会的发展。然而随着时代的进步，社会对大学的期望愈发变得直接，教学、科研和社会服务必定相融合。

（二）发达国家大学治理对我国的启示

1. 加强通识教育

中西方都有着通识教育传统——中国古代的"四书""五经"教育，西方古希腊、罗马时期"四艺""七艺"的传授。至近现代，尽管这种传统迎来了科学教育及职业技术教育的挑战，但人们并没有忽视通识教育的意义，如纽曼所谓的"博雅教育"、赫钦斯的"通识教育"等，连克拉克·克尔都认为"普通教育"的不足成为美国高等教育唯一的缺点，并为此感到深深的忧虑。在中国，张之洞强调"中学为体，西学为用"，蔡元培的"兼容并包"，梅贻琦的"通才教育"理念，无不昭示通识教育的必要性。

2. 强化大学的社会服务功能

西方自洪堡以后的大学呈开放式，而中国古代大学则一直呈封闭式，一方面高高在上，因为它培养政府官员；另一方面又处于社会的边缘，因为其脱离了社会实际，与社会的联系较差。五四运动以后，蔡元培提出"思想自由，兼容并包"的教育政策，将中国传统大学的功能由教学扩展到教学与研究相结合。新中国的大学已逐步把直接为社会服务纳入大学的功能范围，这是一个良好的趋势。西方大学已经从社会的边缘步入社会的中心，成为西方社会不可或缺的组成部分，这正是由其学、研、产的三大功能所决定的。中国大学要想走学、研、产结合的道路，一方面应该积极吸取国外大学之先进理念与精神，为我所用；另一方面，仍应该立足于从中国优秀传统文化中寻找根基，挖掘有益的成分，找寻中西融会贯通之结合点，形成中国特色之大学理念。

大学要适应社会发展的需要，社会也需要大学的功能性作用，两者之间中庸般地调和，应是两者相适应的原则。

在当前我国高等教育大众化的阶段，大学必须考虑教育对国家、社会、家庭以及学生个人的作用,这既是现实的,也是必要的。对于我们国家来说,政府与社会巨大的投入,必然需要大学的回馈。这既是大学的权利,也是大学的义务。大学培养出的高素质人才,一方面,为学生个人寻找到了生存的出路;另一方面,大学的科学研究、科技成果也有必要转化为生产力,以对国家、地区和民族的经济发展、社会文明做出应有的贡献。但这并非强调让大学一味地满足社会、市场的物质需要,而是有所为,有所不为,在保持大学精神的同时寻求更大程度地为社会、为人类发展做出贡献。

3. 吸纳多元利益主体参与学术治理

目前,我国大学的学术治理机构对来自不同利益群体的价值诉求重视程度不够,而他们往往能为学术治理带来新鲜思想与独特见解。我国很多大学将去行政化作为内部管理体制改革的重要目标,如许多大学党政领导主动退出了学术委员会,有的大学甚至要求学术委员会主任由没有党政职务的教授担任,[①]这不利于学术治理听取多方面的意见。其实只要学术治理机构的主体是学术人员,是可以吸纳一定比例的党政人员、行政人员以及其他利益相关者的。如澳大利亚研究型大学学术委员会由本科生和研究生代表、教育部主任、专业职员和其他能够代表学术与文化的多样性的学者共同参与,这为学术委员会提供了来自所有利益相关者的全方位的意见参考。

澳大利亚研究型大学有深厚的学者自治的传统,但随着时代发展,其学术治理机构中也加入了行政人员,强调学术人员和行政人员协商沟通,但有一点需要强调的是高级行政人员如校长、副校长是作为普通成员参会,他们在委员会中的任务是协调理事会、大学行政管理团队和学术委员会三者之间的沟通工作,为这三者的协调配合搭建桥梁。各个学术单位(学部、学院、系、研究所)的负责人入会,也成为学术委员会与各个学术单位沟通的桥梁。学术委员会与校长、行政职能部门在学术事务议题设置、审议决策、决策执行程序中的密切配合、衔接互动,体现了协商民主的治理理念,推动了澳大利亚大学学术治理的发展。

---

① 别敦荣,菲利普·阿特巴赫. 中美大学治理对谈[J]. 清华大学教育研究,2016(04):36-45.

4. 发挥学术主导作用，促进教师参与学院治理

学院是落实大学人才培养和科学研究职能的基本单位，学院中的教学和科研主要靠教师来具体执行，因此要落实教师的主体地位，发挥学术权力的主导作用。我国某些大学中权力边界模糊、权力分配不均衡，行政权力的作用大于学术权力，不利于学术权力的良好发展，不利于教师发挥自己所长和积极参与学院事务。主要原因是制度规定不明确，直接导致权力分配失衡，教师在学院治理的过程中参与程度不高。虽然部分院系存在以学术权力为主的组织，但是一般仅限于参谋作用，大多数院系缺乏相应的组织，学术权力较弱，行政权力较强，导致了重行政权力、轻学术权力的现象。

大学的根本属性是学术性，不管是学校层面还是学院层面，其核心事务都是学术事务。教学和科研是学院的主要任务，具有一定的学术性，应该充分尊重学术权力的重要作用，明确学术权力的主体地位，即教师是学院治理的主体。以教师为主的学术人员参与学院学术性事务，有利于促进学科的建设，有助于创造学术自由的氛围。

弗吉尼亚大学学院层面有以教师为主的委员会，委员会制度保障了教师参与学院决策的权利。我国省属高校可以通过在学院建立委员会的方式，为教师参与学院的治理创造机会和条件。学院成立学术委员会，成员包括教授、副教授和讲师，委员会主席由非行政教授担任，涉及学科设置、教学、科研、招生等学术性事务交由教师委员会讨论决定，保障学术权力的有效行使；通过完善学院章程等规章制度，明确学术权力和行政权力的权责范围，规范学术权力和行政权力的运行方式，有助于管理的有序进行。合理划分行政权力和学术权力的责、权、利，能保障学术委员会等学术组织享有真正的学术权力，能确保学术权力组织独立有效地行使其决策权。

5. 健全学术不端行为预防与惩处机制

学术诚信与否关系着大学培养的人才是否合格，学术不端损害大学学术科研事业的健康发展，有损大学的学术声誉，而近年来我国大学中屡屡出现的学术不端事件暴露出我国大学学术治理中的一些弊端。主要原因在于政府没有起到指引与监管作用，未将相关活动纳入法治轨道；学会组织完全缺位，没有透明公开且明确的查处程序；大学有关科研诚信的教育和环境建设严重滞后，对科研不端行为甚至采取大事化小、小事化了的容忍、

纵容和掩盖态度。实际上，这暴露了我国学术诚信教育的缺位、学术诚信受理机构未履行其职责、学术不端处理程序不公平等问题。学术诚信建设是建设"双一流"大学的底线，建立在对学术不端零容忍基础上的学术研究成果是经得起检验的。

澳大利亚研究型大学拥有完善的诚信科研机制，学术诚信部门以制度建设为抓手，构建了具有指导性和操作性的学术诚信规范，明确了学术不端行为的概念、标准，建立了学术研究中不可触碰的底线，使每一位学术工作者都清楚学术活动的禁区所在。澳大利亚研究型大学对学术不端的处理以教育为主、惩罚为辅，为学生和学术人员提供悔改修正的机会，针对教育感化无效、不知悔改的人员采取严厉的惩罚措施。澳大利亚研究型大学制定了明确的有关学术不端的受理程序，公布了公开举报的渠道，针对学术不端情节严重程度，采取不同惩罚层次，调查结果及时依法公布，处理结果具有权威性。如果学生和学术人员对处理结果存有异议可以提起上诉，依法保护学生和学术人员的合法利益。

6. 鼓励学生积极参与，推进治理主体民主参与

我国大学治理在学院层面存在重行政、轻学术的现象，不管是在大学治理还是在学院治理中都忽视了学生参与治理的权利，对学生参与的重视不足。造成这种局面有以下两种原因：一是传统观念的影响，认为学生是学习的主体，管理的工作应该由教师和专门的行政人员来负责；二是制度规定对学生参与大学治理泛泛而谈，不利于学生的参与。虽然在我国大学中存在学生会、研究生会等团体组织，这些组织负责学生的部分工作，但与弗吉尼亚大学学生组织的功能有所差别，学生不能真正参与学院治理与自身利益相关的事务中。在长期的传统教育观念的影响之下，学生参与的意识薄弱，缺乏主动性。

学生是学院的利益相关者之一，学生理应参与学院事务的讨论。弗吉尼亚大学有着学生自治的传统，学校层面的学生理事会章程保障了学生的权利；在学院层面，学生通过学生组织和在委员会中担任学生代表的形式参与学院治理。我国目前在学院治理方面的制度体系还不完善，在完善制度体系的同时，应该赋予学生参与学院治理的权利，对学生参与学院治理的具体内容、方式进行规定，使学生享受到应有的权利。大学应调动学生

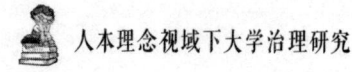

的积极性和主动性，鼓励学生以各种方式参与学院治理；在人才培养过程中，注重领导能力、创新能力、管理能力等各项能力的提升，培养学生的主动性和积极参与的意识，提高其主体意识，使其积极参与学院的治理。学生参与学院治理是一个不断完善、不断进步的过程，虽然弗吉尼亚大学在学院治理过程中有一些可取之处，但是我国在进行学院治理的过程中不能全盘模仿，应该结合本校实际情况有选择地进行借鉴，构建适合自己的学院治理类型。

第四章　大学学术治理的人本理念

学术研究是大学赖以生存的基础，以真理为导向是学术探索的使命。目前大学正在成为社会发展的轴心，学术研究也面临着诸多社会关系的挑战。学术自由、教授治校和大学自主正在受到外界不同程度的影响。2014年1月29日，教育部正式发布《高等学校学术委员会规程》，明确要求高校学术委员会作为校内最高学术机构，统筹行使学术事务的决策、审议、评定和咨询等职权。[①] 自此，我国高校学术治理规制体系有了统一的规范和标准，从国家整体层面对高校学术规范作出引领，开启以学术为重心的大学治理新格局。2019年2月，中共中央、国务院印发的《中国教育现代化2035》再次强调了高等学校的章程建设，提出要推进教育治理体系和治理能力现代化，提高学校自主管理能力，完善学校治理结构，继续加强高校章程建设。目前，我国高校在学术治理方面面临许多亟须解决的问题，如学术治理主体不明确、办学自主权未能得到充分的保障、行政权力占据内部治理核心地位、学术权力较为微弱等。这些现实问题均反映出我国大学学术治理面临的困境。因此，解决这些问题需要从学术治理的人本理念出发，从本质上探讨我国大学学术治理的人本理念建设。

一、学术治理理念与规制变迁历史

梳理我国高校学术治理理念的变迁历程，既能从中了解学术治理理念与制度变迁的脉络、阶段、模式等，又可以从理念与制度变迁中审视与反思制度带来的结果。

---

① 教育部. 高等学校学术委员会规程[EB/OL].（2014-01-29）[2021-12-10] http://www.moe.gov.cn/srcsite/A02/s5911/moe_621/201401/t20140129_163994.html.

（一）学术评议与教授治学的繁荣时期（1912—1948 年）

我国近代高等教育学术治理的制度体系并不是自发产生与演化而来，而是通过借鉴西方大学的学术管理制度、模式、机制等，是一种外来思想逐渐内化的产物。我国真正意义上高等教育内部管理制度源于北洋政府教育部在 1912 年颁布的《大学令》。[①]作为我国大学教育的第一个规定，《大学令》提出大学的宗旨在于教授高深学术、培养人才、服务国家，"大学设评议会，以各科学长及各科教授若干人为会员，大学校长可以随时齐集评议会，自为议长""大学各科设教授会，以教授为会员，学长可随时召集教授会，自为议长"[②]。该法令明确评议会是全校最高的学术权力机构，也是负责管理学校学术事务的学术权力机构。这是我国学术治理规制的早期实践，真正体现了学术为本的治学理念。1914 年北洋政府教育部颁布《学术评定委员会组织令》，建议各大学设立学术评定委员会"掌校阅各学科论文著述奖励学问事务"等职权[③]，持续深化学术治理规制。该规定细化了学术评定委员会在处理相关学术事务中的重要职责，用制度形式确立了负责学术评价和奖励的专门学术机构。1917 年，北京大学倡导教授治学的主导权益，1918 年北京大学颁布了《国立北京大学评议会规则》，细化了评议会在学术管理中的事务决策范围，包括审议学位授予、学科设立与废除、学术管理制度改革等，并对评议会的议事规则进行了详细的规定。1919 年颁布《学科教授会组织法》，详细规范了教授会的组成规则、职能职责与议事规则，提出教授会由所有教员组成，保证人员的学术专业性和教授会拥有对教学方法、教材选择等事项的决定权，确保教授治学在大学学术治理中的主体地位。随后，全国各知名高校纷纷开始学术管理体制的探索，迎来了以学术评议和教授治学为主的学术治理繁荣时期。

1924 年北洋政府教育部在借鉴美国大学学术管理制度与北京大学、东南大学学术管理制度经验做法的基础上，制定并颁布了《国立大学校条例》。该条例废止了之前颁布的《大学令》，提出设立董事会审议学校计划、预算、

[①] 湛中乐，王春蕾. 大学治理中的学术委员会制度建设——兼评《高等学校学术委员会规程》[J]. 北京大学学报（哲学社会科学版）2016（02）：76-82.

[②] 高平叔. 蔡元培教育论著选[M]. 北京：人民教育出版社，2011：25-26.

[③] 最新编订民国法令大全：民国十三年增订[M]. 北京：商务印书馆，1924：70.

决算以及其他学术事项。由此，评议会不再是大学学术管理的最高权力机构，取而代之的是大学董事会履行该项职责。当时部分学者对董事会的设立提出了质疑，他们认为这一制度违背了条例中"教授高深学术"的治学理念，董事会主导的学术管理体制不能充分发挥大学"学术自由""学术自主"的学术本位理念。但《国立大学校条例》中也提到了恢复教授会、添设教务会议，为教授治学与大学治理创造了良好的制度和法律环境。1929年国民政府教育部颁布《大学组织法》，规定大学办学目的为研究高深学术、养成专门人才，同时要求设立校务会，负责审议大学预算、院系之设立及废止、课程、内部各种规则、学生试验、训育事项及校长交议事项。在这一阶段，教育部将权力集中统一，大学的设立、变更、停办等均须由教育部审查、核准，大学的各项规程也须按照教育部有关法律制定，促进了我国高等教育统一规范化的发展。虽然校务会取代了之前的董事会、教授会，但其在职能上仍然履行着二者的职能，包括审议课程设置、学生教学、学科设置等学术事务。同时校务会又扩充了行政会议的职能，将行政会议、教授会、评议会三者的职权综合起来。1948年，国民政府教育部在《大学组织法》的内容基础上颁布了《大学法》，制度的基本内容并无太大改变，校务会仍然是学校最高管理机构，同时设立教务会议、行政会议分别处理学校的学术相关事项与行政相关活动。

（二）校务委员会治理的混乱探索时期（1949—1977年）

新中国成立后，我国高等教育逐渐进入了行政化管理的制度体系中，学术权力逐渐从以学术能力为主的"教授治学"的模式转移为行政管理人员主导的学术治理。1950年教育部颁布《高等学校暂行规程》，指出高校办学理念为培养高素质、现代化、为人民服务的实干型人才。然而在该规程下实施的校长负责制将学术权力全权交予了校长。校务委员会由校长领导，是学校最高的学术管理组织，负责讨论与决策学校学术与行政相关的重大事务，包括审查教学与科研计划、审核预决算、制定各项规章制度、决议学生相关事务、决议学校重大事务等。[1]在实际的政策执行过程中，校务委员会行政人员比例增加，缺少了教务长、学生代表等相关学术治理主体，

---

[1] 孙绵涛. 高校学术委员会制度研究[M]. 北京：人民出版社，2015：66-68.

取而代之的是校长办公室主任、学生会主席等行政主体,这与当时党的集中统一领导管理相关,在学术权力与行政权力的"较量"中学术权力逐渐式微。有学者认为这一时期的校务委员会是学术委员会的前身,[①]是向学术委员会过渡的全校性、民主性组织。1956年教育部颁布《高等学校章程草案》(以下简称《草案》),第一次提到大学"学术委员会"的概念,明确规定了学术委员会的职责:"讨论学校工作中的重大问题和学位授予等学术问题",此时大学仍实行校长负责制,"由校长全权负责与处理学校的重大事项与学位授予问题"[②]。但《草案》中未明确学术委员会的人员组成和工作规程,学术委员会的日常职能安排较为随意。由此可以看出,当时《草案》中虽然使用了"学术委员会"一词,但学术委员会仍是以行政权力主导为主,并不是真正意义上的学术权力,实质是强化了校长权力对学术事务的控制。

1958年中央提出我国教育工作改进的六项任务,其中首要也是最重要的任务是:明确教育是为无产阶级服务,一切教育活动都要在党的领导下进行,这是党的教育工作方针。高校应实行党委领导下的校务委员会负责制,加强党对教育工作的领导。自此之后,校长负责下的"一长制"逐渐被取代,党委逐渐成为大学的实际领导主体,高等学校的领导体制发生了本质上的改变。在这一时期校务委员会形同虚设,并无任何实际权力,同时高校普遍出现了党政不分、党委全包的现象。[③]1961年9月,为进一步规范高校治理,我国颁布《教育部直属高等学校暂行工作条例(草案)》(以下简称《条例》)共计60条,称作"高教六十条"。《条例》中正式明确了党委和校长之间的职权关系,提出党委会是学校工作统一领导的关键核心,于此,高校的领导制度是党委领导、校长为首的校务委员会负责制。这一条例的实施促使校长领导下的校务委员会又重新回到学校事务治理的视野中,处理包括教学安排、学生培养、招生计划、学位授予、章程制定等学术相关事项,职权范围有所扩大,同时撤免了部分行政人员(如工会代表、学生

---

① 孙绵涛. 高校学术委员会制度研究[M]. 北京:人民出版社,2015:66-68.
② 中央教育科学研究所. 中华人民共和国教育大事记(1949—1982)[M]. 北京:教育科学出版社,1984:168.
③ 韩骅. 学术自治——大学之魂中外高等教育管理的比较研究[M]. 北京:中国文史出版社,2005:208.

会主席代表）进入校务委员会，增加党委书记进入校务委员会，履行党对高校学术事务的统一指挥和监督。除此之外，《条例》还明确了高等学校以人才培养、教学与学术为主的基本理念，治理环境中学术权力逐渐复苏。1963年教育部重提高校可试行设立学术委员会，隶属于校务委员会，二者协助校党委和行政职能部门在学术方面的工作，[①]学术委员会由具备较高学术造诣的教师组成，其主要职责是对学校的科研计划安排及重要学术事务的评审审议等进行讨论并做出决策。在这一规定中，明确学术委员会作为负责学术事务的职能主体，并强调学术为本、教授治学的治理理念，但该学术权力仍依附于校务委员会的行政权力之下，不具备该组织应有的学术独立性。

1966年至1976年之间，我国经历"文化大革命"时期。这一时期高等学校学术治理陷入极度混乱中，不仅学校学术委员会整体"瘫痪"，而且高等教育政策制度的顶层设计也陷入停摆中。例如，1961年提出的"高教六十条"在"文化大革命"开始后被迫终止了试行工作。许多学者将"文化大革命"时期的高等教育内部治理分为了1966年至1969年的无党、无校长负责的无政府状态和1969年至1977年的党政主导的革命委员会"一元化领导"治理状态。[②]

（三）学术委员会与学术权力显现时期（1978—2013年）

"文化大革命"结束后，我国高等教育制度与日常机构正式开始复苏与正常运转，这期间，国家相关部门颁布多项促进教育事业尽快恢复的政策制度，学术委员会与学术权力逐渐显现，学术为本、学术权力主导的学术治理规制重新进入高等教育学术治理的范畴内。1978年教育部对《教育部直属高等学校暂行工作条例（草案）》进行重新修订，制定《全国重点高等学校暂行工作条例（试行草案）》作为全新的重点高校基本法规。新条例重新确立了学校的领导体制为党委领导下的校长分工负责制，并在该领导体制下进行学术委员会的各项工作。[③]新条例与1961年颁布的原条例

[①] 教育大辞典编纂委员会. 教育大辞典：第3卷[M]. 上海：上海教育出版社，1992：94.
[②] 孙绵涛. 高校学术委员会制度研究[M]. 北京：人民出版社，2015：66-68.
[③] 何东昌. 中华人民共和国重要教育文献：1949—1997年[M]. 海南：海南出版社，1998：1646.

的区别在于，校务委员会的实际权力已经瓦解，真正主导大学事务的是党委。该条例最具开创性的一点是明确高校须建立学术委员会制度，并在校内设立学术委员会这一学术机构，履行学校发展规划制定、科研教学中重大问题处理、科研成果审核、学位授予评议等职责。由此可以看出，高等学校学术委员会的雏形是集审查、评议、咨询等于一体的学术事务处理机构。新条例颁布后全国各高校纷纷响应，如北京师范大学、复旦大学等均建立了校学术委员会。但在实际执行过程中仍存在一些问题。由于该条例中没有详细规定学术委员会的组成规模、组建办法与委员资格等，导致高校中已建立的学术委员会随意性较大，没有规范组建标准。1980年《中华人民共和国学位条例》审议通过，指出高校应设立学位评定委员会，负责全校学位授予工作，并对学位委员会的人员构成、工作职责、工作办法等进行了详细的解释，由国务院负责统一领导。随着后续各高校教师职务评审委员会的设立，学术委员会关于学生学位评定与授予、教师职务评审的工作职责被划分，权力范围缩小。

在随后高等教育的发展历程中，相关政策对学术委员会处理学术事务的工作任务更加明晰，且更加重视学术委员会在高等学校学术发展中的重要地位。教育部于1982年印发了《关于加强教育学院建设若干问题的暂行规定》，规定教育学院应尽可能地成立学术委员会来开展学术研究、教学科研与教师职称评定等学术活动。1983年教育部印发了《关于高等学校教育管理干部评定职称的通知》，规定在职称评定时学术委员会主任作为当然委员履行职责，学术委员会的实际职责逐步落实和扩大。1984年印发的《关于加强和改进高等院校马列主义理论教育的若干规定》突出强调了学术委员会的职称评审权。1986年、1988年和1996年，国家教育委员会在《高等学校外语教材审稿办法实施细则》《高等学校社会科学科研管理暂行办法》《国家教育委员会人文社会科学研究项目管理办法》等文件中明确了学术委员会在教材编著与审核、学校科研工作与科研项目申报管理中的实质权力与实际地位。由此，在这些专项且细化的政策与制度中，学术委员会的实际权力较1978年提出设立学术委员会时有了极大的提升，学术委员会的实质职权包括教学科研安排审议、教师职称评定、教材编著与审查、科研项目申报与审查等。

1999年1月1日《中华人民共和国高等教育法》审议通过并正式实施，提出由国家创建的高校应在党的高校基层委员会的领导下，实行校长负责制，校长全面负责学校的教学、科研及其他管理工作，并依据党的章程和有关规定指导高校工作，支持校长行使独立的职权，进一步巩固了党委领导下的校长负责制，这也是目前我国高等教育实施的具有中国特色的领导体制。此外，《高等教育法》明确规定了高校应当设立学术委员会，承担教学科研计划编制、教学科研成果评估、学科专业设置审议等学术职能。专家和学者们一致认为，这是我国首次以法律形式确立大学学术委员会的独立学术地位，是我国高等院校学术管理体系变革的开端，是后来长期一段时间内我国高校学术委员会的设立指南。在后续教育部印发的《高等学校本科专业设置规定》和《〈高等学校骨干教师资助计划〉及其实施管理办法》中均体现了这一点，制度中均沿用了《高等教育法》中的表述，明确学术委员会在学科专业设置与教师事务管理中的主体地位。

2000年以后，高校学术委员会历经多次改革，职能体系日益完善。2002年教育部针对高校存在的学术不端等问题印发了《关于加强学术道德建设的若干意见》，对学术委员会、学位评定委员会及其他学术组织在学术道德建设和学术风气监督中的重要作用和职责做出明确规定。2003年，教育部在《关于高等学校进一步做好名誉教授聘请工作的若干意见》中突出了学术委员会在高校教师职称评审与高层次人才引进等方面的职权，要求名誉教授的聘任名单须由学术委员会审议后方可公布。2004年印发的《高等学校特聘教授工作考核评估办法（试行）》指出，学术委员会应承担起学术人才考评工作，学术委员会的实际权力逐渐增强。2009年教育部进一步狠抓落实学术不端问题，在《教育部关于严肃处理高等学校学术不端行为的通知》中明确学术委员会是学校处理学术不端事件的最高学术调查评判机构，须依规定设立调查与裁决学术不端行为的执行处理机构，推动高校学风建设与净化，强调学术委员会对学术事务的调查裁决职能。

2010年，为指导全国高等教育改革，深化现代大学制度建设，中共中央、国务院印发了新世纪高等院校改革纲领性文件《国家中长期教育改革和发展规划纲要（2010—2020年）》，提出完善中国特色现代化大学制度，必须建立坚持学术委员会为学术事务核心、充分发挥其积极作用的现代大学制度。^①该纲要将学术委员会的职责范围归纳为"学科建设""学术评价""学术发展",并且提出要积极探索学术委员会制度的正面作用;同时提出充分发挥大学教授在教学科研、学术治理中的作用,积极探索大学教授治学的有效路径。《高等学校章程制定暂行办法》对高校学术组织或机构的运行机制提出了具体要求:"章程应当明确规定学校学术委员会学位评定委员会及其他学术组织的组成原则、负责人产生机制、运行规则与监督机制,保障学术组织在学校的学科建设、专业设置、学术评价、学术发展、教学科研计划方案制定、教师队伍建设等方面充分发挥咨询、审议、决策作用,维护学术活动的独立性。"[②] 至此,大学学术组织章程开始规范化、具体化。2012年,教育部印发《学位论文作假行为处理办法》,明确学术委员会在学术不端事件处理过程中的领导作用,指出学位授予单位的学术委员会同其他相关职责机构承担学位论文造假的主要调查和认定责任。[③]

经过二十余年的发展,通过梳理学术治理制度可以发现,学术治理理念与规制更加科学有效,学术委员会的定位与职责更加清晰明确,学术权力逐渐显现。

(四)学术委员会主导的学术治理时期(2014年至今)

《国家中长期教育改革和发展规划纲要(2010—2020年)》作为21世纪的教育大纲实施以来,我国大学治理发展改革突飞猛进,学术治理规制建设逐步推进与深化,各高校学术治理实践稳步开展与落实,学术委员会的学术权力与行政权力之间的平衡被强调与重视。2014年是学术委员会制度建设进一步完善化、标准化、规范化的开端之年,教育部颁布的《高等学校学术委员会规程》具体规定了大学学术委员会的定位、职责、组成和运行制度等,首次明确学术委员会是校内"最高学术机构"的定位,并

---

① 国家中长期教育改革和发展规划纲要(2010—2020年)[EB/OL].(2010-07-29)[2021-12-10]. http://www.moe.gov.cn/srcsite/A01/s7048/201007/t20100729_171904.html.

② 高等学校章程制定暂行办法[EB/OL].(2013-11-28)[2021-12-10]. http://www.moe.gov.cn/jyb_xwfb/xw_fbh/moe_2069/s7135/s7741/s7742/201311/t20131128_160158.html.

③ 学位论文作假行为处理办法[EB/OL].(2012-11-13)[2021-12-15]. http://www.moe.gov.cn/srcsite/A02/s5911/moe_621/201211/t20121113_170437.html.

且对学术事务"行使决策、审议、评定和咨询的职权"[①]，为我国高等教育体系建设与现代化大学学术治理制度的建设奠定了里程碑式的基础。自此，学术委员会作为处理学术事务的最高权力机构，充分释放其学术权力，明确了其学术自主、学术自由与教授治学的理念。全国各高校纷纷响应并重新修订了校学术委员会章程，将校学术委员会、院学术委员会作为处理校、院级学术事务的最高机构。2015年，为持续提升新时代我国高等教育质量，建设高等教育强国，国务院印发了《统筹推进世界一流大学和一流学科建设总体方案》，指出大学须整合资源、培养人才、产出成果，建立起激励与约束机制，持续推动高校内部建设，强调治理建设成效，完善中国特色的现代化"双一流"评价体系。[②]2016年印发的《高等学校预防与处理学术不端行为办法》规定了学术委员会在调查和评议学术不端事件时的主要职责，高校根据学术委员会的认定意见给出处理决定。同时该办法开始重视科学工作的学术评价制度建立，指出高校应持续完善学术治理制度体系，构建科学合理的学术评价与发展机制，营造创新、宽容、谦虚、公正的学术环境。[③]2019年《教育部关于加强新时代教育科学研究工作的意见》印发，提议改革学术评价体系，设立合理公正的分类评价体系，摆脱"唯论文、唯职称、唯学历、唯奖项"的束缚与桎梏，建立重视创新能力与实质贡献的教育科研评价体系。[④]2020年，我国高等教育学术治理进一步加快了科学合理评价体系构建的步伐，相继出台了《关于提升高等学校专利质量促进转化运用的若干意见》《关于规范高等学校SCI论文相关指标使用树立正确评价导向的若干意见》《关于进一步压实国家科技计划（专项、基金等）任务承担单位科研作风学风和科研诚信主体责任的通知》《深化新时代教

[①] 高等学校学术委员会规程[EB/OL].（2014-01-29）[2021-12-15]. http://www.moe.gov.cn/srcsite/A02/s5911/moe_621/201401/t20140129_163994.html.

[②] 国务院关于印发统筹推进世界一流大学和一流学科建设总体方案的通知[EB/OL].（2015-11-05）[2021-12-20]. http://www.moe.gov.cn/jyb_xxgk/moe_1777/moe_1778/201511/t20151105_217823.html.

[③] 高等学校预防与处理学术不端行为办法[EB/OL].（2016-07-18）[2021-12-24]. http://www.moe.gov.cn/srcsite/A02/s5911/moe_621/201607/t20160718_272156.html.

[④] 教育部关于加强新时代教育科学研究工作的意见[EB/OL].（2019-11-07）[2021-12-26]. http://www.moe.gov.cn/srcsite/A02/s7049/201911/t20191107_407332.html0.

育评价改革总体方案》等文件，指出完善学术治理体系应倡导立德树人，转变不合理的评价导向，提高教育治理水平，回归注重学术创新、学术质量为内涵的价值理性，扭转对学术治理功利化的过度追求与偏执，推动"破五唯""摘帽子"等学术评价制度改革，优化学术治理评价体系，确立了以人为本的学术治理理念。

二、大学学术治理人本理念建设面临的困境

深刻的科层制传统、学术实用主义、行政思维、强烈的竞争意识以及外在权力干预，使得学术治理人本理念的自由、信仰、理性、合作与自律精神未充分地彰显与释放。学术治理人本理念的应然要求与当下大学内部治理现状的实然状态之间的鸿沟，主要体现在以下方面。

（一）科层体制与自由精神的矛盾

尊重学术研究的运转秩序和内在逻辑，使其能够独立行使权利并做出正确的价值判断，不依附、不被行政力量主导。但大学长久以来的科层管理制度，带有明显的行政规约和技术理性，使学术从一种具有自由性质的学术演化为规划性质的学术。因此，科层的理念与方式和学术自由的精神实质相悖，学术自由因为方法论的失误、体制困境，还有待进一步地发扬。科学研究成果的产生是创造性个体在自由环境中通过不断冥想与实践而来，但科层制的管理方式造成了大学内部强烈的技术规划性与繁杂的行政事务，束缚了自由精神的释放。

首先，"学术的规划性本质是一种技术理性理智活动，它将其视为达成某种目的、带来某种利益的媒介，具有强烈的工具性理性色彩"[①]，常以行政指令作为项目落实和指导师生学术生活的手段，遮蔽了学术的自然之美——自为。行政权力对专业、课程的干预最普遍，一门新课的开设教师的主动性和发言权较少，要经过复杂的申请手续并等待教务处的审核。虽然关于课程安排的权力已经有新的政策安排，但是教务处仍然是最主要的管治机构。应以服务姿态出现的教务部门明显地干预整个课程设置与安排，

---

① 唐松林，魏婷婷. 学术共同体的契约精神：本质、背离与回归[J]. 教育发展研究，2015（07）：72.

非专业、未参与教学实践的外行却主导内行事务。

其次，行政事务取代学术事务占据主导地位。行政权力惯于以教条、规范化的手段处理事务，将一切活动纳入程序化的运作范围，致使学术活动中出现较多的行政主义工作。教师忙于课题的申报、中期检查与结题，忙于各管理部门的各种表格的填写，被束缚在各种会议、文件和规章之中，教师成了国家课题系统、学术期刊系统与目标管理系统的螺丝钉。[1]填表格、开会……挤占了学术生活的大量时间。

大学学术性的组织特性，决定其一切活动应该以学术事务而非行政事务为主。行政逻辑之下大学更多地披上了官僚组织的作风，在各种规范与要求的束缚下，僵化、呆板的风气取代了求索、争鸣。造成的后果是学术活动的荒芜、创造能量的遏制与学术热情的减退。

（二）实用主义与学术信仰的矛盾

一切的知识体系中，无论是从神的知识到科学知识再到实用知识，遵循可共享的信仰体系才是知识与学问得以生长与演进的土壤。学术信仰不是真理，却使真理有效，是学术人对真理与科学精神的坚守与信笃。知识商品化的时代背景下，人们对知识实用价值的盲目追求而导致学术的功利主义与资本主义盛行，人们将知识作为获得财富与地位的手段，以科学研究的功利化和商品化为典型代表，使科学研究从以知识、真理为目的转向以物质追求为目的。

学术本身是"出世"的。所谓的"经世致用"只是科学研究在社会生活中自然绵延的结果，并非其最终目的，但无节制地对实用的追求导致如下后果。

第一，学者学术功利化，造成学术的虚假繁荣。学人对物质、精神利益的追逐取代了对真理的热爱与好奇心的绵延，学术行为建立在"有利可图"之上，学者获取课题、经费、项目的目的不在于获得更高深的知识，而是职称与福利报酬，试图以科学研究成果达到学术以外的诸如权力、经济的目的，这与科学精神背道而驰。一位热爱讲台、热爱教学，并有着出

---

[1] 唐松林，张小燕，李科. 生命论对机械论的检讨及其大学内部治理策略[J]. 现代大学教育，2013（09）：25.

色的教学成绩的教师无法被重视，论文、项目是一切工作的衡量标尺。潜心学术的学者边缘化，怀揣真理之爱，潜心钻研、实验的人被贴上不切实际、木讷、迂腐的标签，哥德巴赫猜想式的学术研究与我们渐行渐远。

第二，学术资本主义兴起，科学研究以资本需求为导向。学术资本主义使大学抛弃了自己的历史与境遇，以商品化或市场的运作逻辑与制度方式思考并发展学术。典型的谋取利益、买卖行为使大学成为一个经济组织而非学术组织，大学的组织属性因学术性、营利性获得了更多的产业化特征，因而大学内部也倾向于公司化的运作方式。出于增强对环境变革的敏锐性以及迅速反应的目的，大学的决策会更多地强调集权式的专业化管理。在高等教育的时代变革中，学术活动的生存环境受到严峻的挑战。一旦产生新的科研成果，将其转化为生产力且为我所用本无可厚非，但是，转化的前提是有可用且有效的研究成果可加以筛选，优胜劣汰。当下并没有做到这一点。研究成果看起来有量的累积，真正能够转化为生产力、促进技术革新的少之又少，根本原因在于：科研机构以资本需求为导向，片面追求成果转化而产生大量的无意义研究。

（三）行政思维与理性精神的矛盾

理性精神影响人对自我工作和生活负责的态度。一个人的理性程度决定着自我治理的状况，也就决定着从事学术研究的人对科研价值的认同、行为的规范性和责任感。行政思维与科层制的管理模式一脉相承，内含科层制度的效率与等级文化，使得行政在资源配置中采取效率为先的原则，并习惯采用绩效主义的管理方式，缺乏对人的尊重和肯定，破坏了学人的理性思维。行政思维对理性思维的破坏主要体现在以下方面。

第一，行政思维配置科研资源，使得谄媚者更易获得资源。科学研究对资源具有较高的依赖性，资源拥有的多寡决定其在组织中的发展机会与地位。科层制的行政思维使得掌握资源配置的行政权力在资源配置中更加注重效率的高低而缺乏差异补偿机制。加之由于资源本身的稀缺性，效率主义之下必然带来学术资源配置的不合理，尤其在自然科学领域，学术资源与支持是否短缺决定了该项目能否正常展开，但资源配置的不到位、缺乏补偿、差异势必影响研究者的心态。甚至，消极的后果是：行政权力控制仅有的教育资源，学者纷纷将目光投向了学校行政长官，为获取资源而谄媚、迎合成为一种常态，"学术圈存在着隐性的权力与交换的潜规则，由此造成学术圈弥漫着附庸权贵与地位的庸俗之气，学术共同体神圣的契约精神被玷污，知识的殿堂被亵渎，学者对于学术的、对于真理的坚守荡然无从"[1]，顺从人格取代了批判与怀疑的理性精神，破坏了学术人格。

第二，行政关注量的增长，缺乏整体性格局，造成绩效主义盛行。本来，绩效主义对组织发展并无阻碍，关键在于实施怎样的考核以及考核的方式如何。但大学作为复杂性组织，不同于以营利为目的的企业，过分、偏激的绩效主义必然使学人一切的行动以实现绩效标准、完成考核为目标，扰乱其正常的学术生活，使其处于绩效的"枷锁"中难以逃离。绩效考核具体到治理实践则是，学者获取和完成的课题数、发表的论文数、规定的上课时数与薪酬、职务挂钩，学生的刚性而非弹性的学分修习、参与的课外活动与评奖、评优挂钩，造成的后果是学人对绩效数字与目标的满足，对科学研究责任感的缺失、价值认同低效、满足感的消弭，甚至为过分追求绩效目标而破坏学术规范等。

（四）竞争意识与合作精神的矛盾

合作交往使得主体之间的物质信息、能量发生转移，并相互融合、借鉴，通过集体行动达成共赢是学术研究的根本，它产生于学术共同体内部之间，发生在直接或间接的交往行为中。知识的专业性生产特征和学科之间狭窄、生硬的边界正在逐渐破除，于是，合作交往能力成为现代学术研究中愈来愈重要的能力。但考察治理现状，发现"学术孤岛"现象普遍存在，学人之间、学科之间强烈的竞争意识取代了合作交往的可能。

哈贝马斯（J. Habermas）在交往理论中特别强调合作交往的前提是每一个参与者要平等参与讨论，且具有相同的话语权，不受任何来自外部世界的限制，诸如权力、地位等，以理服人是交往认可的力量。以合作精神审视大学内部治理，可以发现，学术研究中强烈的竞争意识是破坏合作交往的主要原因。

---

[1] 唐松林，魏婷婷. 学术共同体的契约精神：本质、背离与回归[J]. 教育发展研究，2015（07）：73.

第一,掌握资源和权力者控制学术话语,破坏学术民主。合作、碰撞是科学研究的常态,受竞争意识的影响,身居高位的"学霸"偏爱以一己之力主导学术发展,是研究的唯一发言人,且更容易获得资源和经费,容易产生学术的"近亲繁殖"、侵占他人成果等学术腐败行为。"学霸"们强烈的竞争和独占意识,使得学术人员出现两极分化的格局。哈佛前校长刘易斯(H.R. Lewis)提出:"许多年轻学者之所以会逃离学术界,完全是因为他们从前辈那里发现,学术生活太过孤寂,缺乏人际合作。"[①]因此,竞争意识对个人的过分保护与封闭,对他人的敌视与防备,以及借行政或学术权力谋私利,破坏了多元主义、平等的合作对话可能,阻碍了思想解放与学术自由。

第二,跨学科研究受阻。没有一种知识、一个专业寂然独立。融合、交流亦是学科持续发展的必要条件,当代知识的创新方式越来越倾向于"综合""合作",越来越冲破学科的知识界限和组织界限,成为一种跨学科乃至跨领域的活动。跨学科的合作与交往活动能使学人拓展研究视野,在相互切磋中更新观点,甚至借鉴研究方式与工具,共享学术资源。竞争本来有益于学科的发展,但是如果将竞争矮化为不交流、不合作,就会造成学人之间、知识之间相互割裂,使得学术研究以明显的学科分类为依据,设置壁垒自成一家。森严的壁垒必然限制学者的研究热情和兴趣,思维定式和眼界的局限影响学术创新的延展。同时,之于学科本身,会造成严重的自我保护主义和强烈的排他性,封闭而不交流、切磋,也必然不适应学科自身发展和要素大整合的知识发展趋势。

(五)外在权力与自律精神的矛盾

生命自由的天性,期望被给予更多自主的空间,让其主动地寻得安身立命的场所,实现一种自律的生存状态而非他律。当下的大学受制于学术以外的权力,如行政权力、政治权力以及因学术实用主义产生的外部权力的干扰,使原本自由、独立的个体跌入庸俗之套,变得被动。学术倡导的自律与外部有形或无形的权力控制成为难以调和的矛盾。笔者并不完全排

---

① [美]哈瑞·刘易斯. 失去灵魂的卓越——哈佛是如何忘记教育宗旨的[M]. 侯定凯,等,译. 上海:华东师范大学出版社,2012:75.

斥外在他律，毕竟完全依靠自我约束的效力并不可靠，他律本身是自律的补充与辅助，二者缺一不可。但他律超越运行范围，过多地干涉学术活动，学术自律无正常的生长环境却是治理的常态。

自律仅指道德自律，主观能动亦是自律的重要内容。大学内部治理中行政指令与实用他律，损害了学术自律精神的生长空间。

第一，强烈的行政执行抑制了自律精神的生发。行政权力本身对客体对象有命令和要求服从的惯性，取代了学术权力的主导地位。科学研究在行政控制与指导下进行，通过制定一系列严密、苛刻的规章制度，规定运作范围与方向。学术人员只能服从并根据指令做出相应的执行，自主性被剥夺。行政指令与等级制紧密相关，大学内部的沟通方式从多中心、自下而上演变为集中、自上而下，即在一种理性、刚性化的组织氛围下，学人只能按照组织的规章制度办事。值得深思的是，行政指令控制之下的他律产生的效用具有有限性，一方面，难以养成自教、自觉的精神，维护学术道德和学术规范的最终力量依旧是内化于心的学术自觉性；另一方面，学术研究讲究充分的自主，过分的刚性制度破坏了学术的民主与自律精神，带给人压抑与创造性的磨灭。

第二，外在实用主义是他律的又一形式。以往研究外部权力时，仅关注行政等权力，却忽视了实用主义对学人身心的隐性控制。当大学从博雅教育走向职业教育时，对外部世界的迎合成为大学及其成员的又一项工作。以真理和知识为目的大学转向了财富、利益，知识由市场因素决定供给的种类与数量，必然走向实用他律，自主决定、自我管理能力愈来愈弱。

（六）学术治理规制存在制度困境

1. 教授治学实施路径缺失

教授治学是中国特色现代化教学治理模式，与之前的教授治校不同，更加注重教师学术权力在学术治理中的主导地位，是大学学术自主、学术民主的有效实现路径。随着市场化在大学治理中不断深入和融合，校领导、职能人员的地位与作用不断增加与强化，由此带来的是科研学术人员在学术治理过程中的参与不断弱化。[1]

---

[1] 王英杰. 共同治理：世界一流大学治理的制度支撑[J]. 探索与争鸣，2016（07）：8-11.

首先，虽然大学学术委员会章程为探究教授治学有效途径对学术委员会中党政领导职务人员与专任教授人员的比例进行了规定，但在选拔学术委员会领导者时，一些高校直接提出学术委员会主任由校长担任，部分校领导、职能部门的负责人为委员会的当然委员、直聘委员或职务委员，使得行政人员在学术委员会中的占比提升；同时对一些"双肩挑"的学者来说，行政职务加身对其以教授身份进入学术委员会履行治理职责存在限制，极易出现学术式微、行政强化，学术人员行政化和行政人员跻身学术的行政与学术纠缠的混乱局面。[①]

其次，学术委员会委员选拔条件与席位比例相矛盾。委员选拔的条件是以学术造诣深厚、有公认学术成果的、具有正高级职称的教授为主。由于高校教授的职业发展路径需要一定的时间，由此造成委员会委员年龄普遍偏大，[②]委员由部分教授轮番任职，这就将可选择的委员范围缩减到很小的学术圈子，形成忽视部分群体利益的"学术利益场"。虽然提出要有一定比例的青年教师，但是能够获得正高级职称的青年教师并不多，仅有个别高校注明可以对青年教师适当地放宽任职条件，其余均未提出如何在正高级职称的任职条件和有一定比例的青年教师两条规定中平衡与抉择。

最后，委员缺少主动参与学术治理的方式与手段。目前大学学术委员会章程对委员应该履行各种的职责进行了详细的界定，但这些职能都是教授担任委员职位被动履行的常规性、事务性职能，[③]对于学术委员会追求的学术创新、学术自由、学术发展等理念，缺少教授主动参与学术治理的路径。例如，委员是否可直接向学术委员会提出议题，委员除参与全体会议外是否有其他行使职能的途径等。

2. 学生主体参与规定缺位

美国学者德里克·博克曾指出弱化大学内部政策影响的第四种重要力量是学生。[④]学生参与治理是高校学术治理体系与治理能力现代化的重要一

---

① 余利川，段鑫星. 大学治理的价值逻辑与制度启示 [J]. 广西社会科学，2017（06）：5.
② 张端鸿，王倩，蔡三发. 学术委员会在高校内部治理中为什么会被边缘化——以 A 大学为例 [J]. 江苏高教，2020（10）：29-36.
③ 张杰，邢国凯. 高校学术委员会建设探析 [J]. 黑龙江高教研究，2016（09）：46-48.
④ [美]德里克·博克，曲铭峰. 大学的治理 [J]. 高等教育研究，2012（04）：16-25.

环。在学术治理过程中，学生作为核心利益相关者有义务和权利参与多元主体的共同治理。

首先，我国学生参与学术治理起步较晚，表现出程序性与实体性权利不足、实际参与权异化、参与治理的概念与边界界定困难等问题。在制度设计层面，学术委员会章程中设立学生委员席位的高校屈指可数，同时学生委员并不需要履行同其他委员一致的职能，他们不享有议题的提议权、会议的发言权和表决权，仅仅拥有会议的旁听权；学生委员的人数、产生、任免、任期、职责等均缺少有效的规范。由此看来，学生参与学术治理制度的供给不足。学生委员席位仅是形式上突出保障学生学术治理主体地位的理念，学生委员个体无任何权力于学术委员会的发展、学术治理的实际过程中产生任何影响与作用，学生委员的参与地位虚化。

其次，学生参与学术治理的权力异化。在实际的参与过程中，学生委员在学术组织中权力被边缘化，有限参与能力发挥不足。超过半数以上的学生认为参与形式浮于表面，参与深度不够，且大部分决议听领导决定，大多数是对学校、教师的评价等方面，对学术治理实质性事项缺少有效参与。[1]

最后，学生作为受教育者，其学术视野、学术能力和学术思维等较为局限；在校学习年限较短以致不能对学校发展历程和顶层设计有充分了解；学生科研学习、社团活动等时间安排紧凑，难以投入更多精力与时间参与学术治理的过程。因此在政策制定过程中，如何权衡学生参与学术治理的规模、职责与权力边界是需要高校、教师和学生个体等多元治理主体共同探讨的话题。

三、大学学术治理人本理念的建设路径

现代高等教育学术治理理念与规制的变革和优化是一个长期奋斗的过程，深化教育评价体系改革、完善教育立德树人机制、扭转不合理的评价导向、实现以人为本的治理理念等是新时代高等教育探求的发展方向与脉

---

[1] 王晓茜，姚昊. 大学生参与大学内部治理行为的影响因素研究——基于多群组结构方程模型的实证分析[J]. 重庆高教研究，2021（01）：49-59.

络。学术治理理念与规制的优化路径在于对学术治理人本理念的本质追求，在于实现从过度重视学术治理的效率工具理性转向注重人才培养、素质教育、学术创新的价值理性。为此，2020年印发的《深化新时代教育评价改革总体方案》指出，要在遵循教育发展规律的基础上，贯彻立德树人的根本任务，系统推进教育评价体系改革，重点发展素质教育，标志着新时代教育发展方向应以创新、质量为内涵的价值理性实现为主，进而扭转对工具理性的过度追求与偏执。对"破五唯""摘帽子"等学术评价政策的改革，使学术治理规制逐步成为学术关注的焦点。实现学术治理规制的理性回归应聚焦完善质量导向的学术评价体系，激活基层学术组织的治理活力，释放学术治理组织的自主性，实现学术治理能力与治理体系现代化。

（一）以质量导向的评价体系引导学术健康发展

学术评价体系作为学术治理体系中重要的制度体系之一，其价值导向关乎着学术治理风向的变化。外显式功利化的评价体系使高等教育评价的多元化笼统归结为排序、筛选和淘汰的工具，教育评价结论的指导性、参考性弱化。[1]在规制性制度功利化利益导向下，大学排名或教师评价等普遍采用指标式学术评价标准，如通过SCI、SSCI、A&HCI论文数量，主持课题数量，获奖数量，专利数量等评判教师学术成果水平与大学学术产出。相应学术评价体系的"痛点"在于以发表论文数量等作为评价指标的过度量化和将这一考核指标扩展到学校学科专业化程度、教师职业晋升、绩效考核等各个方面的过度泛化。[2]"唯论文至上"的学术资源分配评价体系严重挫伤了大学组织行动者的科研积极性，歪曲了学术治理的根本目标，而基于工具理性导向的排名的异化本是一种学术短视的功利主义行为，进而需要完善以质量为导向的学术评价体系。

第一，实现学术资源分配评价体系的价值理性归位。完善质量导向的内涵式学术评价体系是理性复归的核心，打破唯分数、唯升学、唯文凭、唯论文、唯帽子等指标与学术治理的利益链条，正确树立评价价值的规范

---

[1] 教育研究编辑部. 2019 中国教育研究前沿与热点问题年度报告 [J]. 教育研究，2020（02）：20.

[2] 马敏. 学术评价如何走出"SCI至上"的怪圈 [J]. 澳门理工学报，2020（02）：120-124.

导向，如"审慎选用量化指标，不把 SCI 论文相关指标作为评价的直接依据"[1]"不将论文发表数量、影响因子等与奖励奖金挂钩"[2]"停止对专利申请的资助奖励""坚决抵制高校专利申请量和授权量排行榜"[3] 等。

第二，从盲目追求外显形式绩效的学术治理向突出实质绩效转变，即"突出培养一流人才、产出一流成果、主动服务国家需求，引导高校争创世界一流"[4]。大学的基础职能与首要职能是人才培养，人才培养的质量是大学学术治理能力评判的最直接标准，高校应该培养符合国家发展、社会需要的高素质、专业型、创新型人才。同时，突出对国家有高贡献度和高公认度的一流学术成果不局限于论文、项目与专利技术数量，应将高校学术影响力作为学术评判的最高标准，以长远战略评价大学对国家、民族、社会、科技文明的贡献。

第三，要定量与定性相结合，建立健全学术分类评价体系。[5] 不同领域和学科学术产出形式存在显著差异，偏向论文产出与偏向应用实践产出的学术成果不能一概而论、完全量化，应依据不同高校类型、不同学科特质，分类设置学术评价标准及其定性定量指标的权重，破除单一量化评价体系。同时，建立监督机制，强化对学术成果评审过程的监督管理。针对定性评价与同行评议过程中存在人情、偏见等主观因素的影响，应健全同行评议和代表作评价的学术评价体系，满足学术评价需求，保证学术评价的公平、公正与权威性。

---

[1] 教育部 科技部印发《关于规范高等学校 SCI 论文相关指标使用 树立正确评价导向的若干意见》的通知 [EB/OL].（2020-03-03）[2021-12-30]. http://www.gov.cn/zhengce/zhengceku/2020-03/03/content_5486229.htm.

[2] 自然科学基金委关于进一步压实国家科技计划（专项、基金等）任务承担单位科研作风学风和科研诚信主体责任的通知 [EB/OL].（2020-07-29）[2021-12-28]. http://www.most.gov.cn/xxgk/xinxifenlei/fdzdgknr/fgzc/gfxwj/gfxwj2020/202007/t20200729_158040.html.

[3] 科技部关于提升高等学校专利质量 促进转化运用的若干意见 [EB/OL].（2020-02-21）[2021-12-27]. http://www.moe.gov.cn/srcsite/A16/s7062/202002/t20200221_422861.html.

[4] 深化新时代教育评价改革总体方案 [EB/OL].（2020-10-14）[2021-12-26]. http://sx.people.com.cn/n2/2020/1014/c352664-34347574.html.

[5] 马敏. 学术评价如何走出"SCI 至上"的怪圈 [J]. 澳门理工学报，2020（02）：124.

（二）以提升学术本位激活基层学术组织治理活力

实现学术治理人本理念在于激活基层学术组织"自下而上"的治理参与活力。在新公共管理助推下，英、美、德等西方国家大学学术治理普遍呈现"治理均衡器"的结构特征，[①]即高校外部由国家规制力量、外部利益相关者、市场竞争机制多方合作治理与约束，高校内部采用管理自治和学术自主模式。实现大学学术自主应将学术权力下放给基层学院学术组织，通过院系自主最大限度地保障学术自由与学术自主。学院学术自主是高校学术治理的核心，实现学术治理的工具理性与价值理性平衡须从"自上而下"的运动式治理转向注重基层学术组织"自下而上"的价值规范与学术认同。

第一，深化校、院两级管理体制的改革，推进简政放权，构建扁平化基层学术治理框架。大学应健全学术委员会运行机制，将学术治理重心下移，使学院享有办学、管理自主权；注重基层学术治理组织在高校学术治理体系中的作用，有效激活基层组织的学术自主活力；推动基层学术治理模式由科层式向学会式转变，[②]增强基层学术组织的学术自主；构建以课题组长制和跨学科制为主的院系学术治理体系，以灵活开放的治理模式丰富基层组织治理形式，拓宽基层学术治理范围并提升基层学术治理能力。

第二，削弱行政权力对学术权力的影响和干预，保障学术权力的独立性。基层学术组织合理使用学术自主权力，统筹学术治理规制的工具理性与价值理性。大学应有效制定基层学术委员会章程、教授委员会制度等学术治理规章制度，改善基层学术组织的学术生态与学术秩序，形成"自下而上"的治理倒逼机制，突破大学运动式学术治理的路径依赖；助推学术权力下放与强化基层学术自主，实现"自上而下"的理性规制与"自下而上"的学术治理联动，破除行政化和科层制对学术发展的桎梏与干预。

第三，加强行为主体个人对基层学术治理的组织文化认同感，保障学术科研人员与其他学术利益相关者参与学术治理过程。高校学术治理的组织文化与规制相辅相成，共同构建学术治理组织的合法性。大学的基层组

[①] 王思懿. 从"三角协调"到"治理均衡器"：西方国家高等教育治理模式的现代转向[J]. 现代教育管理，2018（07）：112-117.

[②] 周光礼. 大学校院两级运行的制度逻辑：国际经验与中国探索[J]. 高等教育研究，2019（08）：27-35.

织文化主要包括学术文化与产业文化、学科文化与交叉文化等。大学应创建友好协商的学术共同体文化，培育拥有共同价值观和核心理念的基层组织文化，增强多元利益主体对基层学术组织的合法性和文化认同；同时，从制度制定层面和制度运行层面有效落实教师和学生的治理主体地位，严防浮于表面的学术地位与议事程序，构建协商式的多元治理模式。

（三）增强制度多元化来释放学术治理组织自主性

大学学术治理既有共性特征，也需要百花争艳。千篇一律的学术治理模式导致相应的学术规制性制度设计可能丧失特色，因此，需要释放学术治理组织的自主性，弱化学术治理的强制性规制束缚，推动建设高校分类评价体系，引导各类型高校科学定位，突出自身办学特色。加强制度建设环境是破除制度困境的重要方式之一。学术治理制度的规制性使得大学学术委员会章程大量形同，从而导致了学术治理模式的质同。因此，增强学术委员会章程的多元化可以有效从形同的角度打破治理结构趋同的现象。

第一，学术委员会章程应在履行各项上级政策制度的基础上，理清学校自身的发展定位、发展目标与办学模式，在突出自身办学特色的基础上，努力做到将市场化模式下的发展趋势与大学学术治理的发展模式相结合，增强章程中的学术多元化与治学特色。

第二，政府不仅应着眼于大学外部宏观环境、发展方向与目标的营造，还应充分发挥政府规划、监督职能并聚焦于大学内部学术治理，弱化强制性规制机制的趋同引导，不以公共政策的约束与激励来直接引导大学学术结果，强化高校学术自主的价值理念。

第三，着重发挥学术治理组织在学校学术发展、专业学科设置、学术成果评价等高校学术事务中的核心作用，将学术权力归还给各级学术治理组织，形成"形同质异"的学术治理机制，即组织内部共有的文化、理念、思想与其他组织相异，与外部环境整体规制、规范与文化认知不冲突，同时与组织场域相契合。高校学术治理规制性制度趋同束缚了学术治理的成效，不同类型、层次的大学应实现学术治理制度建设的形同质异、多样、错位式发展。

第四，依据高校的办学类型与自身特色统筹协调行政权力与学术权力，化解二者之间潜在的对抗困局，以此实现各权力协调互助，优化高校内部治理结构。①研究型大学应建构以学术权力为核心的权力结构，解除对学术自主的外在规制，教学型大学应建立行政权力与学术权力平衡发展的权力结构，减少权力重叠与冲突。

第五，将教授治学、民主监督为主的民主治理纳入学术治理体系。民主治理是一个充满讨论与批判的过程，学术治理组织的自主性动力源于化解治理过程的内部矛盾和观念冲突。为此，大学应鼓励学术治理组织的民主性，保障学术共同体在学术活动中的知情、参与、建议和监督的权利，经民主协商最大限度地收集和发挥学术治理组织的治理智慧。

---

① 余利川，段鑫星. 理性的"诱惑"：加拿大大学学术治理的变革与启示[J]. 复旦教育论坛，2020（03）：103.

第五章　办学资源治理的人本理念

大学办学资源具有专用性、知识性、目的性、依赖性等属性，它以高深知识及其体系为核心资源，依次向外分别是由知识载体构成的基础性资源、由获取知识的工具构成的辅助性资源、承载知识载体与工具的服务性资源。大学的具体职能就是发现、集聚、转化和运用资源。大学办学资源问题是办学中的大问题，是一个系统工程，具有十分重要的战略意义。只有认清了它，大学才不会被现有的资源所局限，才可能明确办学方向与办学条件之间的关系，才会明白办学的直接效益不体现在别的任何地方，而体现在大学办学资源自身。

本章从人本理念视角出发，有效利用和整合大学办学资源，提出中国现代大学与政府、市场、社会的和谐共进、共同发展的路径方向，并根据现代大学内部结构特点，提出在坚持党委领导下，推行"校长治校、教授治学、民主管理"相耦合的多元治理，从而实现多元主体良性互动、相互协调、均衡发展的新型大学治理。

一、办学资源的内涵与外延

在大学评估指标和大学资产报表中，一般情况是资产列项明晰，但无资源列项，明显地存在着以资产代替资源的现象，再看1999年以来的文献资料，专论大学办学资源的著作为零，涉及大学办学资源的论文也不过十数篇，且无一例外把资产论作资源。可以说，大学办学资源在当前还不是一个十分清晰的概念。

（一）大学办学资源的范围界定

办大学需要大量的资源，但是，什么样的资源才是大学办学资源呢？

一种错误的回答是：归大学控制、使用的资源就是大学办学资源。毫无疑义，大学办学资源一定归大学控制、使用，但是，归大学控制、使用的资源一定就是大学办学资源吗？20世纪90年代国家采取一系列措施，剥离大学经营性资产乃至后勤服务性资产，这一事实表明，当前大学所控制、使用的资产中至少有相当一部分不属于大学办学资源。大学不是社会经营性机构，也不是具备社会资源调控职能的政府机关，若以政治经济学的眼光看大学，看到的当然只是建立在支配权意义上的经济资源。另一种错误的回答是：大学的资源就是大学办学资源。大学里林立的大楼、先进的仪器设备、高层次人才等资源，既可能是大学办学资源，也可能不是，梅贻琦所言"大学非大楼之谓也"早已指明了这一点：这些资源被"摆放"在大学里是一码事，切切实实用于大学办学资源又是一码事。作为社会通用资源使用时，它们不过是摆设，只有在其转化为大学专用资源时，它们才具有大学办学资源性质。还有一种错误的回答是：用于教学、科研的资源就是大学办学资源。这也要具体问题具体分析，有些资源表面上用于教学、科研，实际上未必是大学办学资源，一种情况是，资源在价值指向上没有为大学办学服务，而是长期服务于利润、政绩、个人研究成果等非大学办学事务，另一种情况正如亚里士多德所说："脱离了身体的手足同石制的手足无异，这些手足无从发挥其手足的实用，只在含糊的名义上大家仍旧称之为手足而已。"[1]同样，游离于大学办学资源整体、不能为大学办学所融合的资源不过是名义上的办学资源而已。

　　上述三种回答之所以是错误的，就在于它们只看到了资源的表象，误认为在大学里由大学控制、用于教学和科研的资源就是大学办学资源；之所以具有迷惑性，是因为大学办学资源一般呈现在大学园区内、一定由大学控制并用于教学和科研。

　　而不在大学园区内的资源就一定不是大学办学资源吗？显然不是，"一项资源的价值取决于它的效用"[2]。我们认为，一切为大学所利用、所开发、所支配的资源都可能是大学办学资源。这是由知识的如下特性决定的。第

---

[1] [古希腊]亚里士多德. 政治学[M]. 吴寿彭, 译. 北京：商务印书馆, 1997：9.

[2] [英]阿瑟·刘易斯. 经济增长理论[M]. 周师铭, 沈丙杰, 沈伯根, 译. 北京：商务印书馆, 2002：57.

一，知识无边界，进而一切与知识有关的资源也不会有边界，最基本的常识是无形的知识总要有一定载体，知识在哪里，载体就必然在哪里，知识与载体如影随形。因此在这个意义上，大学办学资源是无限的。第二，世界是知识的世界，知识是世界的知识，离开了世界，知识不存在，从某种意义上说，大学是没有校园的社会大学，世界的每一现象都包含着丰富的知识，哪里有知识，哪里就有大学办学资源。可以说，大学的眼界有多宽，大学办学资源的领域就有多广，资源无处不在，正如美无处不在而只是缺少发现一样，大学办学资源缺少的也是发现。同时，我们还认为，之所以那些由大学控制并用于教学和科研的资源不一定是大学办学资源，是由于这些资源很可能被滥用、误用，严重偏离大学办学宗旨，进而丧失了大学办学资源的性质。只有那些真正为大学办学服务的资源才是大学办学资源，这样的资源是在大学办学过程中体现出来并发挥了办学功能、受到办学实践检验并剔除了假象的，其价值通过大学的精神、使命、性质等得以体现或证明，在经历这些阶段之前，一切资源顶多是潜在的大学办学资源，大学办学的一个重要方面不过是使潜在办学资源显性化。

（二）大学办学资源的外延

首先，大学是一个"传递深奥的知识，分析、批判现存的知识，并探索新的学问领域"[1]的地方，高深知识体系构成大学办学的核心资源。一方面具体表现为课程、专业和学科三种资源，"现代大学好似一本百科全书……它拥有从艺术到动物学的各类系科"[2]，从能够开设若干课程到能够开办若干专业，再到能够构建若干学科，最后到学科门类齐全，这一发展路径代表了不同阶段办学资源的丰裕程度。另一方面，作为体系，"系科间真理究竟有什么关系，或可能是什么关系"[3]，表现为由教研室、学系、学院构建起来的学术制度框架，因而与课程、专业、学科相对应。这一学术制度

---

[1] [美]约翰·S. 布鲁贝克. 高等教育哲学[M]. 王承绪，等，译. 杭州：浙江教育出版社，2002：13.

[2] [美]罗伯特·M. 赫钦斯. 美国高等教育[M]. 汪利兵，译. 杭州：浙江教育出版社，2001：55-56.

[3] [美]罗伯特·M. 赫钦斯. 美国高等教育[M]. 汪利兵，译. 杭州：浙江教育出版社，2001：56.

框架是反映高深知识体系的极为重要的大学办学资源。

其次,知识载体构成大学办学的基础性资源,具体表现为人才和文献资源。人才的研究、教学等活动体现了其知识的广度和高度,证明了他拥有的知识具有多大程度的大学办学资源价值。大学之所以大力引进高层次人才,看中的是人才所拥有的知识与大学高深知识体系相一致。文献作为承载高深知识体系的另一种资源,它汇聚了古今中外的知识和文明成果,从一个侧面反映了课程、专业和学科资源。人才和文献最能反映一所大学的办学资源状况和大学办学水平。

再次,获得知识的工具构成大学办学的辅助性资源,具体表现为两类:一类是仪器设备、讲坛、学术会议、学术刊物等资源,这些资源作为发现知识的工具发挥着不同的作用,如仪器设备帮助人们扩展生物、物理、化学等知识(如显微、放大),讲坛帮助人们解疑释惑,学术会议和刊物帮助人们开展学术交流。另一类是包括大学治理结构在内的体制、机制、制度、学术传统、校园文化等资源,这类资源因其无形、不易把握、缺乏评估标准等特性,往往被忽视,还远未发挥其在大学办学中的重要资源作用。

最后,承载知识的载体与工具等设施构成大学办学的服务性资源,具体表现为物质材料、教研室、图书馆、体育馆、校园景观等资源,这些资源具有与其他办学资源不可分离的属性,且只有在为其他办学资源服务的时候才具有大学办学资源性质。它是大学办学资源中最具边缘性的部分,也是最直观、往往被误认为最基础或最不可或缺的部分。

大学办学资源以高深知识体系为圆心,其外围是由知识载体构成的基础性资源,再外围是由获取知识的工具构成的辅助性资源,最外围是承载知识的载体与工具的服务性资源,这就是大学办学资源的外延。

(三)大学办学资源的属性

在划分大学办学资源范围、明确大学办学资源外延的基础上,需要进一步阐明大学办学资源得以形成的理由。也就是说,一些资源为什么是大学办学资源,而另一些资源为什么不是以及大学办学资源具有哪些共同属性。前文已述,在大学园区内、由大学控制、用于教学科研的资源不一定是大学办学资源,最典型的例子是大学经营性、后勤服务性资源,如校办企业、学生宿舍、食堂、娱乐设施、教工住宅、水电设施等，即便它们与大学不可分离并很好地发挥了服务育人、管理育人的功能，但它们仍然不能划入大学办学资源范畴。大学办学资源有其特有的属性，概括地说，大学办学资源必须具备以下四个特征。

一是专用性。大学办学资源包括大学高深知识体系，并专用于教学和科研，否则，功能无法发挥，价值将远远低于其发挥专用性所带来的价值，如搞直播带货的教师、当作废纸的图书、当作宾馆的教室、没有学术性的讲坛等。这些资源已不再专用于大学办学，实际上脱离了高深知识体系，因此，它们不是大学办学资源。

二是知识性。大学办学资源与大学高深知识及其体系高度关联，或包含高深知识，或彰显、承载高深知识，或直接服务于高深知识，反之，就不具有大学办学资源属性。例如，水、电因其直接服务于人而不直接服务于高深知识就是如此，但水、电却是大学办学不可或缺的重要条件和基本保障。更广泛地看，资金作为一种资源，更是大学办学所不可或缺的，但资金不具有知识性特征，因而不能直接纳入大学办学资源范畴。

三是目的性。大学办学资源被作为对象而不断积累。大学办学的主要任务之一就是增加这些资源总量，提高这些资源的知识档次。大学办学资源本身承担了保存与建设的任务，大学之大就体现在大学办学资源的总量和档次上，资源越多，档次越高，大学就越成功。

四是依赖性。资源的性质是在使用过程中被发现、被鉴别的。大学提供了一个制度框架，其他资源充实了内容，师生员工在该框架内使用资源，三者合一就是办学。大学制度框架和资源作为条件为师生员工提供了保障，关键环节是师生员工，师生员工像一个个加工厂或生产车间发挥着特殊的作用，资源因为有了大学制度框架和师生员工这样的加工者而被激活，并具有特殊意义，即成为大学办学资源。因此，从动态看，师生员工也决定着大学办学资源的性质，只有师生员工围绕大学办学宗旨并在大学制度框架内使用资源，资源才是大学办学资源。需要进一步强调的是，不在大学框架内使用的资源或闲置的资源，是不能成为大学办学资源的。大学办学资源一定是在大学制度框架内和师生员工的关系中显现出来的。

（四）大学办学资源的变化过程

大学办学资源是一个动态的概念，这是因为任何资源之间都是可能转化的。某项资源在一种条件下可被企业作为营利的工具，变为经济资源；在另一种条件下可被国家作为调控国民收入的手段，变为政治资源。那么，在什么条件下资源才能成为大学办学资源呢？从资源变化的过程看，至少要经历三个阶段。

第一个是控制使用权阶段。大学作为一个特殊的社会机构首先必须控制一定的资源，起码能控制这些资源的使用权，如果能拥有完整的产权，那就更有利了。参考大学办学标准，可选中的资源是无限的。不在大学控制范围内的资源，再有利于办学，对于大学而言也是没有意义的。当然，这里并不排斥十分松散的使用权，大学应当主动寻求建立与任何资源的内在联系，发现资源的办学价值，资源总能在一定程度上进入大学办学范围。反之，如果大学关于办学资源的意识淡薄，即使拥有完整的产权，资源也很可能失去办学资源性质。

第二个是功能转化阶段。在转化为大学办学资源之前的一切资源不过是社会通用资源而已。一般地说，资金是最典型的社会通用资源，我们不能说大学掌握的资金越多就越具有办学实力，因为中间缺少必要的转化。如大楼是在经过转化之后才变为教学大楼、实验室、图书馆的，知识是在经过转化之后才变为课程、专业、学科的。当然，总体上说是大学精神促成了社会通用资源向大学办学资源的转化，所谓办大学，只不过是促成了这种转化而已。

第三个是使用阶段。资源在适应大学教学科研实际的情况下，能否恰当使用也是个大问题。有的资源可能用于个人目的，有的资源可能偏离大学办学宗旨，有的资源可能长期闲置作为废品虚占资源指标，种种情况反映出这样一个事实：资源只有在被正确使用之后才是现实的，才可判断其是否具有大学办学资源性质。

（五）大学办学资源构成

根据资源形态的不同，大学办学资源可以分为有形资源和无形资源。有形资源是高校物化的办学资源，是高校发展的基本要素，主要包括政府资源、企业资源、校友资源、实物资源、货币资源、人力教师资源、学生资源等。无形资源从形态上看是无形的，是精神形态，其质量和数量有较大的弹性和伸缩性，由于认识上的原因，无形资源的地位和作用容易被人忽视，但实际上对高校的发展有巨大的潜在的作用，主要包括品牌资源、校园文化资源、制度资源、知识资源等。（见图5-1）

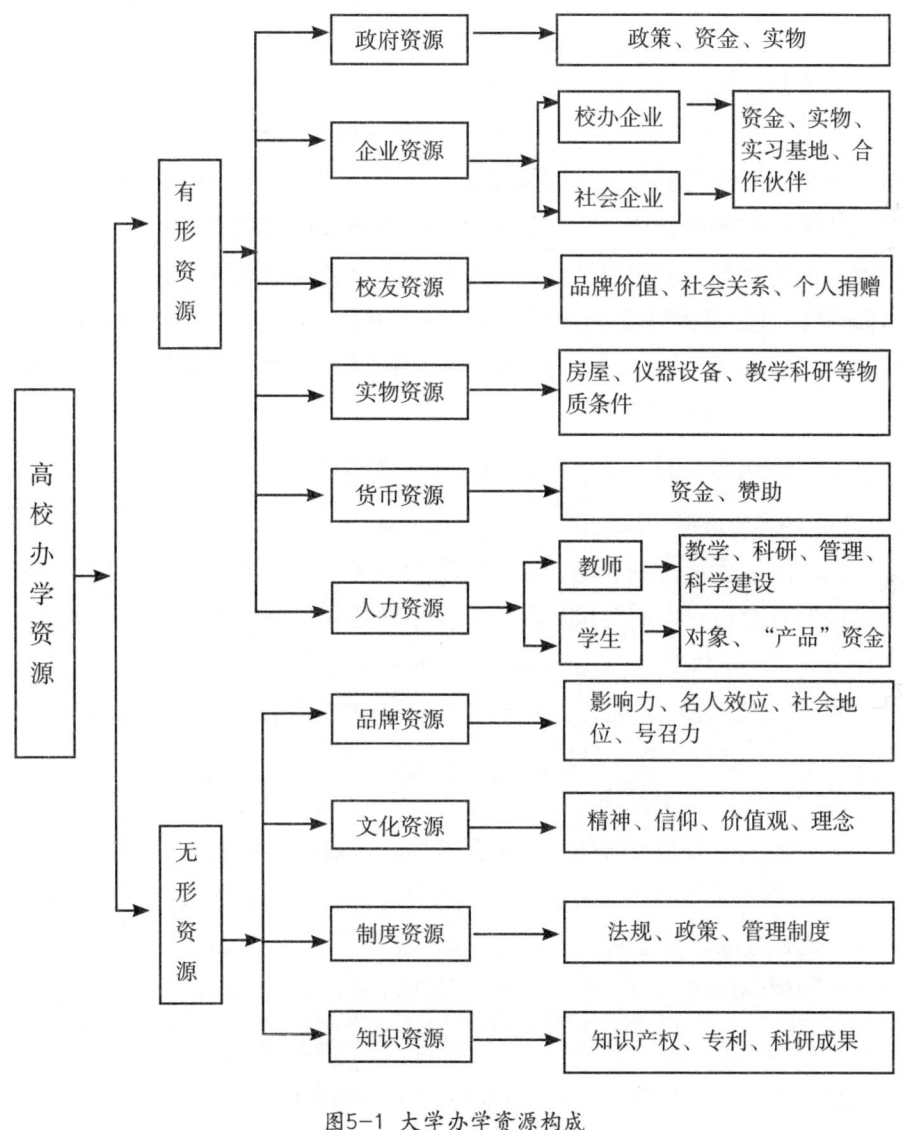

图5-1 大学办学资源构成

高校办学资源
- 有形资源
  - 政府资源 → 政策、资金、实物
  - 企业资源
    - 校办企业 → 资金、实物、实习基地、合作伙伴
    - 社会企业
  - 校友资源 → 品牌价值、社会关系、个人捐赠
  - 实物资源 → 房屋、仪器设备、教学科研等物质条件
  - 货币资源 → 资金、赞助
  - 人力资源
    - 教师 → 教学、科研、管理、科学建设
    - 学生 → 对象、"产品"资金
- 无形资源
  - 品牌资源 → 影响力、名人效应、社会地位、号召力
  - 文化资源 → 精神、信仰、价值观、理念
  - 制度资源 → 法规、政策、管理制度
  - 知识资源 → 知识产权、专利、科研成果

二、人本理念视域下大学办学资源的治理路径

一所大学的发展方向和速度取决于它所占有的可开发资源的种类和数量以及各种可开发资源在该大学内外的治理情况。大学办学资源的治理有两个层次,即宏观配置和微观配置。宏观配置是指在一个国家或地区大学办学资源总量一定的情况下,将这些总体资源在各级各类高等教育部门、单位之间进行有效的分配,通过这种分配使教育资源流向最需要且能取得最大效益的教育部门、机构。微观配置是指大学在发展的过程中通过产业化的运作,在全社会资源总量不变的情况下,最大限度地获得人力、物力、财力资源,并使之发挥最大的社会效益和经济效益。本书研究的出发点主要是从微观的角度,从大学在市场经济条件下如何实现充分的自我发展、自我约束的角度,来研究如何有效治理办学资源,进而解决目前大学发展所面临的问题。在借鉴国外大学治理经验的基础上,本章主要从政府资源、社会资源、市场资源以及人力资源等方面探讨人本理念下大学的外部治理与内部治理的有机协调。

(一)政府资源、社会资源和市场资源等外部治理路径

1. 共治与善治:改进政府角色的观念认知

大学治理现代化进程中,要实现政府主导—大学主体—社会主动—市场协调的协同运行,需要政府深化多元治理意识,理解治理的基本特征就是要实现多元主体共治。在此基础上,政府要强化"元治理"责任,培育大学、社会参与治理的意愿和能力,保障大学治理现代化的推进,最终走向善治,实现人的全面发展和社会整体素质的提升。

(1)深化多元治理的意识

在我国,权力型政府的观念根深蒂固,政府管理的观念深入人心,靠政府权力管理社会事务成为我们的集体无意识,特别是在法治意识欠缺的时期,政府通过给自己赋权,甚至获得了超越法治的强大力量。[1]而全社会自上而下地围绕政府权力建立的严密管理体系,更是不断固化了"全能政

---

[1] 张应强,张浩正. 从类市场化治理到准市场化治理:我国高等教育治理变革的方向[J]. 高等教育研究,2018(06):3-19.

府"的观念认知。事实上，这种认知和做法是不适应变化迅速、信息丰富、知识密集的当代社会的。当今时代要求大学提供高质量、多样化的高等教育，要求更好的大学治理。

现代大学治理以多元主体共治为基本特征，这也是治理与统治、管理的根本区别。观念是最大的绊脚石，要真正实现多元主体共治，政府首先要深化多元治理的意识，极力摆脱旧思想的束缚，实现从大学管理向大学治理的观念转变。政府的职责是掌舵而不是划桨，政府要从集"掌舵者"和"划桨者"于一身转变为"掌舵者"。当然，这种观念的转变无疑是对政府既有权力的挑战，也是对政府能否正确把握大学治理目标的考验。

所谓"划桨者"，就是直接提供服务，而"掌舵者"就是把握方向。政府要让自己扮演好"掌舵者"角色，就只需要负责确定好大学发展的宏观方向以及当前需要解决问题的范围与性质，如大学的高质量发展究竟需要达到怎样的目标，需要在哪些方面实现高质量发展，高质量发展需要哪些资源和条件支撑；明确了这些问题，政府再运用多种治理手段将公私资源都结合起来，让大学和社会共同解决这个问题。也就是发挥政府调配资源之所长，通过民主政治程序设定好每个阶段大学需要达到的优先目标，再发挥高校的主体性，由高校自己确定人才培养的目标与方向，确定好学科专业发展的阶段目标，并自主实施好教育活动。社会则提供民主监督，并发挥市场的力量，为大学人才培养提供亟需的资源，支持大学更好地实施教育活动。

在这样一种理念下，政府不再直接给大学提供服务，"提供服务并非政府的义务，政府的义务是保证服务提供得以实现"[①]。而当大学自主性提升、能够发挥在治理中的主体作用，社会组织培育健全、能够主动参与大学治理时，整个大学也就实现了健康发展。政府最基本的作用就是引导大学和社会的健康发展。

（2）强化元治理责任

何谓元治理？元治理是对治理的治理，是通过协调不同治理形式和手

---

① [美]戴维·奥斯本，特德·盖布勒. 改革政府：企业家精神如何改革着公共部门[M]. 周敦仁，等，译. 上海：上海译文出版社，2006：5.

段，以获得较好的治理效果，[1]是在治理过程中由政治权威介入并促进治理秩序不断改善，是对治理中主体相互关系、相互作用模式的宏观安排。

政府的元治理责任是其主导作用的应然体现。治理最显著的特征是合作、对话与协商，而有效的合作、对话与协商需要建立在一些条件的基础上。例如，治理主体须具有一定的自主性以及协调、互动的能力，要建立可以协调不同主体价值系统和利益立场的方式方法，要通过建立共同的价值观稳定主体的方向、目标和行为准则……当这些条件不具备或不成熟时，有可能出现治理"失灵"。大学治理现代化是国家的制度要求，大学治理是政府重要的公共职能，维护大学治理秩序、促进大学治理目标实现，是政府应该承担的责任。而更重要的是，政府是公共权力的掌控者，只有政府主动、自觉地推动治理，才有可能真正实现治理目标，这是政府才能做到的对治理的治理。

政府的元治理责任体现为培育治理主体的自觉性，协调解决多元治理主体的冲突以及积极维护治理目标的实现。

培育治理主体的自觉性是让治理主体发自内心地认同并主动参与到治理中。当前有的治理主体对大学治理缺乏深入了解，未能理解治理与管理的本质不同，有的已经习惯于被动服从参与，未能意识到自己作为治理"主体"的责任，有的具有参与意识，却对高等教育的特性与规律认识不足，不能很好地实现治理公共价值……政府要强化治理主体的责任意识与担当，调整高等教育是公共事务、应由政府管理的思路，将其视作一项需要社会集体努力的共同利益[2]，引导治理主体深化对大学治理的理解与认识，还要为其提供行为示范，即自己在大学治理的舞台上退居幕后，赋予其他主体参与治理的空间与条件。

现代大学治理强调对主体利益的尊重，而由于多元主体的利益立场难免是不同的，所以冲突是多元治理必不可免的。如果冲突得不到有效化解，就极易出现治理行为的相悖、治理效果的抵消以及治理目标的支离破碎。

---

[1] Jessop B.Capitalism and its Future:Remarks on Regulation,Government and Governance[J].Review of International Political Economy, 1997（03）：561-581.
[2] 联合国教科文组织. 反思教育：向"全球共同利益"的理念转变[M]. 联合国教科文组织总部中文科, 译, 熊建辉, 校译. 北京：教育科学出版社, 2017：69-70.

政府需要构建多元主体的平等对话机制，增进信息公开，避免主体因沟通不及时、信息不对称导致合作"错位"，同时也要对主体参与治理而带来的利益损失给予必要的补偿。例如，政府可以通过减免税费的形式引导企业更好地参与大学人才培养，或是为大学建立理事会制度提供政策支持，以激发主体参与治理的意愿。

推动治理公共目标实现是政府的责任，政府要为现代大学治理活动提供必需的财政资金、政策制度等各种条件资源。以财政保障为例，现代大学治理要实现高质量发展，离不开强有力的经费投入，特别是在我国政府主导的高等教育战略发展模式下，高校的学术水平及国际影响力的快速提升更依赖于国民经济的发展和政府的财力支持。[①] 因此，即便是在"过紧日子"的形势下，政府也不能弱化保障高等教育经费责任，反而要提升高等教育改革创新在支撑产业结构转型升级、加强国家自主知识创新能力的战略地位，进一步强化经费保障。只有如此，才能将我国的劳动力数量优势转变为质量优势，加快人力资本积累，提升科技创新水平和发展动力。

（3）坚持人本理念为统领

政府在大学治理中发挥主导作用，更加需要坚持以人本理念为统领，在主体普遍认同的基础上，形成治理过程的向心力，增强主体参与治理的行动自觉。政府在现代大学治理中坚持人本理念为统领主要体现在：治理规则制定要坚持以人民为中心，治理的目标方向要以实现人的全面发展为旨归。

政府治理规则制定要坚持以人民为中心的公共立场，主要体现在制度设计要以人的发展为内在要求，融入人本理念，展现人文主义关怀。具体而言，政府要树立服务型理念，以提升公共服务质量为核心重构职能体系，高效协同地做好行政决策、行政执行、行政组织与行政监督。"人民是国家政治权力的最终来源，政府受人民委托行使权力"[②]，主权在民而不在政府。政府既要对高校发展的正当需求做出有效的回应，又要对社会参与治理的诉求及时地反馈；既要协调优化高校生存发展的外部环境，为其自主

---

① 仇苗苗,董维春,姚志友.新冠疫情下推进一流大学建设的政策情境、行动逻辑与战略选择——以32所教育部直属一流大学建设高校为例[J].教育与经济,2020（06）:33-39+50.

② 俞可平.论国家治理现代化[M].北京:社会科学文献出版社,2014:61.

发展提供必备的条件，又要注重推动大学内涵建设，引导大学回应社会关切，提供满足公众需求的高质量、多样化高等教育产品。此外，政府在制度设计上还要凸显其重视人、珍惜人的理念。人是经济社会发展最活跃的要素，在实施技术创新、激发产业活力、推动区域可持续发展等方面至关重要。人才引进不仅是大学的任务，更是政府的责任。人才引进与培育需要经费保障，更需要好的制度保障。政府要积极引进人才，更要用好人才，确保人才要素与其他非劳动力要素和劳动要素之间的契合。[①]例如，通过校地合作搭建"产学研用"一体化平台，为高素质人才提供医疗、住房、升学等民生保障政策，通过简化相关制度的审批流程，为各类人才提供公平、公正的待遇等，如此才能充分激发人才的创新创造活力。

政府治理的目标方向是实现人的全面发展，其关键在于大学的自主意识和自治能力。大学是人才培养质量的保障主体，大学最清楚自己需要培养什么样的人以及怎样培养人，但目前我国大学的自主意识和自治能力还不成熟，在人才培养的方向把握上缺乏定力与自信，容易被外界的一些功利化标准所影响。人才培养关涉社会整体利益，保障高等教育基本质量，让高等教育办学回归初心，引导高校坚守公共情怀、公益价值与理性精神，是政府坚持人本理念的必然要求。因此，政府要引导大学尽快提升自治能力，建立起以服务学生主体发展为核心的内部治理结构，如坚持立德树人，指导学生学会基于自己的兴趣和需求构建个性化学习方案，为学生成人、成才提供多元化路径，帮助学生增强成长中的意义感和价值感；重视教师的作用，提升教师服务学生主体发展的专业能力，激励教师乐教、善教，增强教师对学生和教育专业发展的深刻理解；倡导学术为先，尊重学者的学术自由，让高校中的"人"在学术活动中展现能力和价值，为其潜心投入学术活动提供良好的制度环境；等等。政府还要减少对大学自主发展的束缚与干扰，只需确定好"底线"，为大学学术活动提供基本规范，尽可能激发大学的自主性。

（4）健全完善我国大学法律

针对我国大学的法律立法和执行层面存在的各种问题，考虑高等教育

---

① 李蕾. 城市人才引进政策的潜在风险与优化策略 [J]. 中国行政管理，2018（09）：154–155.

本身的规律和特点，从建立良好的法律体系的目标出发，笔者建议从以下几个方面完善我国的教育法制体系。

①高等教育体系的立法健全

以宪法和立法法为依据，在已有的法律体系基础上，依托《国家中长期教育改革和发展规划纲要（2010—2020年）》，形成层次有序、结构合理、完整统一的高等教育法律法规体系，为高等教育行政执法提供良好的法律依据。

一是完善高等教育立法内容。将相应法律、法规具体化，增强实用性和操作性。美国大学的发展历史短，但发展速度快，是世界高等教育强国。其关于大学的法律，作用举足轻重，其中，高等教育立法自始至终坚持实用性原则，与社会的发展保持同步。法律的可操作性也十分重要，权利能否被真正地享有和行使，权利的保障重于权利的宣示，即合法权利被非法侵犯后如何得到司法救济非常重要。法律救济是保护当事人权益的司法保障，也是现代法治社会的最后一道防线，对于违反约定的民事主体有着惩戒作用。

二是高等教育法律法规的体系健全。与西方发达国家相比，我国的高等教育法律法规历时较短，法律比较零散，还没有形成很完整的法律系统，大学法律体系还有待进一步优化，如通过制定《大学法》《大学章程法》《大学管理法》《大学教师法》等单项法，形成一个内容完整、结构严谨、层次分明、上下协调的高等教育法规体系。

②教育分权的立法明确

改革开放以来，中央开始实行简政放权，发挥地方的积极性；在高等教育领域，也开始重视地方的管理权和高校的自主权。这中间有两个方面的分权需要通过教育立法进一步明确。一是中央与地方分权，明确划分中央与省级教育部门的权责，理顺双方关系，构建由中央统一领导，地方和大学积极办学的法律框架。其中，必须重点考虑权力类型和使用权限程度。权力类型包括哪些权力属于中央，哪些权力属于地方；使用权限的程度，即中央和地方在多大程度上使用这种权力。中央应以法律、法规、方针、政策、规划等手段进行宏观调控，合理分配教育资源、消弭地区差距，实现教育公平，提高教育效率；地方教育行政部门职权应当强化，通过落实、执行国家高等教育政策，执行地方教育规章，制订地方教育计划，实现高等教育的分级管理。二是教育行政部门与学校分权。这两者之间的分权应体现在宏观调控和具体管理上。教育行政部门应简政放权，政事分开，明确各自职责边界，真正使教育主管部门成为高等教育质量的保证者。因此，教育立法应将宏观调控、间接管理的权限划分清晰。大学则应面向社会依法办学，在遵守教育法律法规的基础上，在坚持教育方针政策的前提下，组织具体的教育科研与服务社会的活动，实现大学的功能。

③高等教育法律的执法完善

立法是执法的前提，执法是立法的目的。只有有法可依还不够，还需执法必严。法治的程度，不仅是法律法规的数量与立法的质量，执法的效力也是影响法治程度的重要因素。健全完善我国大学法律体系，主要通过两种途径：一是建立完善的高等教育法律法规监督保障机制，保证高等教育法律法规的贯彻执行；二是加强高等教育法律法规的宣传力度，增强人们的教育法制意识。

2. 高等教育市场与大学

作为大学治理外部结构的高等教育市场是一个结构复杂、连锁互动的市场，对高等教育市场进行优化配置，使大学在追求自我目标的同时，实现社会的高等教育目标，是高等教育市场大学治理在外部环境中的精要。目前，我国现代大学制度建设已经进入市场机制调节的环节，大学的办学体制和政校关系也更加清晰。

（1）高等教育市场与大学协调发展

世界各国在高等教育制度创新上都遵循着新的发展途径、措施。一种是双重制：增加高等学校的数量，扩大高等教育的招生范围，通过建立私立高校的方式，使公办高等教育与私立高等教育之间形成良性竞争。另外一种是高等教育私有化，即原有的公立大学成立独立的二级学院，参与高等教育市场化竞争，各类民办大学也直接在高等教育这个充满竞争的市场上求生存求发展。通过研究分析国内外大学的发展历程，我们不难发现："真正的大学从来就是独立于政府，独立于党派，独立于特定意识形态，独立于商业社会的功利与短视的。同时，真正的大学又必然以关怀自己的民族、

第五章 办学资源治理的人本理念

关怀国家的进步、关怀社会正义、关怀人类命运为己任。"[①]

在人本理念治理模式下,一方面,政府可将为大学提供资源与服务的部分义务交给社会和市场,并帮助大学培育相应的投资市场,形成由政府、市场和社会组织多元提供公共产品服务的格局;另一方面,人本理念也要求大学不断增强主体意识,摆脱对政府的过分依赖,转为向市场和社会筹集办学资源,真正实现办学多元化。

首先,教育是一种准公共产品,任何层次的教育都不能被简单地视为一种可以在市场上买卖的商品,但教育所传播、创造的知识,特别是高等教育所传播的高深知识中体现的非公共性权重呈现不断增长的趋势,知识特别是高深知识的公共性已经开始不断消解。

其次,大学面临的不是单一市场,而是学术市场、教师市场、生源市场、资金市场等,它们在大学治理中的含义及其范围、深度对治理绩效的影响以及各市场间的交互关系,是大学治理研究值得关注的重点。近年来,美国的高等教育领域对大学与企业的关系展开了激烈的争论,其焦点在于大学是继续维持独立的科学精神,还是为社会经济发展服务。

最后,大学毕业生就业问题已经成为我国高等教育利益冲突、矛盾聚集的焦点。完善大学毕业生就业市场,应当进行整合改进。一是建立多元的大学生就业评价机制。长期以来,高等教育主管部门是唯一的大学生就业评价主体,并以此对大学进行有效的行政管理,调控大学生毕业出口,体现政府意志。但是,除了体现政府意志外,还应反映多元化的社会意识,使大学生就业评价主体多元化,从而体现多元化的价值取向。社会评价的介入,也可使评价更具权威性、客观性和透明度。二是建立健全就业服务信息网。信息的不对称、不全面、反馈不及时都会导致大学生就业遇到困难,因此,完善就业信息服务网显得尤为重要。应充分利用现代发达的信息技术提供交换信息的平台,建立毕业生资源信息、用人单位需求信息沟通平台,实现资源共享,避免应聘双方的盲目性和无序性,提高就业的效率,确保充分就业。三是完善大学生就业指导体系。通过社会市场的广泛参与,完善就业指导体系,做到就业指导主体多元化。大学、企业和社会都是大学

---

① 张博树,王桂兰. 重建中国私立大学:理念、现实与前景[M]. 北京:教育科学出版社,2003:21.

生就业指导的主体。同时，大学除自身应发挥就业指导主渠道功能外，还应加强与其他大学以及社会机构，特别是中介组织的联系，帮助学生顺利就业；形成完备的就业指导网络，更加全面地为学生提供有效的就业指导。

市场力量介入高等教育是必然趋势，高等教育作为一个向市场开放的载体，也是一个与其他社会组织和个人平等竞争的市场主体，各个参与竞争的主体既有向公众提供公共服务的义务，也有获取公共收益的权利。政府应以公平、公正的态度，平等地向各个市场主体授权，并以法律法规或行政手段进行干预、监管。总而言之，政府放权是趋势，市场竞争是动力。同时，我们也看到，市场机制不是万能的，高等教育有着内在规律，完全用市场效用原则来规制高等教育，必然迷途深陷，出现唯效率论，最终使高等教育面临危机。高等教育的核心价值是：公立大学作为一项公共产品，其公益性高居于任何营利之上，公平、公正、知识传承是高等教育的核心理念。近年来，现代大学制度被人们广泛热议，但观点各异，究其原因，高等教育的内在价值、基本内涵等核心问题始终缺乏共识。有的观点虽然得到赞同，但明显缺乏对教育规律的理解，比如，有人认为可以直接把现代企业制度的理论不加改变直接移植到现代大学治理中。在实践层面，更有甚者把现代大学制度与高等教育市场化等同。

（2）构建市场多元参与的办学新体制

长期以来，我国高等教育仿效苏联，采取的是国家办教育的单一模式，高等教育的人财物资源完全依靠国家的投入，政府也对大学有着绝对的控制权。这一模式在很长一段时间内对我国的经济建设和人才培养发挥了作用。但是，随着中国特色社会主义市场经济体制建设的进一步深入与完善，这种单一办学体制的弊端日渐显现，高等教育体制内外各个层面的矛盾也日渐突出。在高等教育日渐大众化、普及化的新时期，现有制度机制已不再符合现代大学的发展方向与趋势，也不能满足人民群众日益增长的接受高质量高等教育的迫切愿望，逐渐成为阻碍现代大学健康发展的障碍。

社会的发展对高等教育提出了新的要求：在高等教育大众化的形势下，树立经营大学的理念，进一步分离大学的举办权和办学权，改变以往过于依赖政府投入的模式，促进高等教育市场的良性竞争。充分发挥大学的自身优势和自主性，通过市场力量参与高等教育，建立起市场介入的资本运作机制,加强成本核算,争取更多的社会支持资源,通过政府拨款、收取学费、企业捐助、社会融资,以及产学研一体化等渠道,有效地开源节流,做到大学公共性和市场性的高效耦合,可以实现中国现代大学的科学发展。多种所有制经济共同参与建设高等教育,还可形成多层次、多途径、多形式、多规格的办学模式,形成以国家办学为主,多种形式为辅,合作办学的新格局,促进各类大学间的良性竞争。

3. 社会与大学

21世纪,大学逐步走入社会经济的中心,大学的精神在更大范围发挥着对社会文化的引领作用,大学与各种利益相关者、社会参与者的合作或竞争关系越来越紧密。因此,大学与社会的良性互动关系的建立显得尤为重要和必要。

(1)实现大学与社会的良性互动

大学的基本功能包括培养人才、科学研究、服务社会、文化传承。社会的进步总是影响着大学的发展,但是它们的关系更多地处在若即若离的状态。20世纪后半叶以来,全球化势不可挡,作为"独立王国"的大学无法再保持特立独行了。大学开始走向社会的中心,大学的运作也从完全的计划主义转为被市场经济部分渗透。在知识经济主导全球发展的趋势下,大学自然从象牙塔变为社会发展的核心,大学如不能积极引领历史进程的发展,或者放弃自己的社会职责,将会丢失发展自己、壮大自己的动力。同时,随着经济的发展,教育成本逐年递增。大学需要大量的资源投入,在这个过程中政府职能不断转变,从管制型政府到服务型政府,其承担的义务可能也会减少。所以,大学只能从外部社会环境中筹措资金,满足自身发展的需要,因而争取社会支持才是最重要的手段。

(2)加强教育中介的发展

现代大学的重要职能之一是服务社会。在社会舞台中,大学为获得资源,不得不让渡一部分权力给社会,而大学自治的内在要求又使其具有超越社会的趋势。因此,中介组织应运而生,成为大学与社会关系的缓冲器。

从西方发达国家来看,其教育中介组织无论是半政府机构、纯民间机构还是知识型组织,都趋向对弱势对象——大学的保护,在履行监督评价等功能外为大学争取更多的经费、资源与自治权利等。在转变政府角色功能、办学主体多元化以及权力多向互动的背景下，为了平衡政府、社会与大学的关系，通过合同关系明确政府与大学的边界，必须建立客观公正的教育中介组织。如美国著名的卡内基教育基金会、韩国的教师家长联合会等，就是社会力量参与大学的宏观决策、影响高等教育发展的比较典型的教育中介组织。

"在利益分化不明显，政治沟通渠道狭窄的情况下，中国政府作为全体人民利益的代表者，在公共政策问题的提出上起到了主导作用，中国政府在制定公共政策过程中遵循群众路线的决策规范，'从群众中来，到群众中去'，使得政策问题的提出主要依赖政府各级官员们的体察与认定。"[1] 随着市场经济的深化、政府改革的发展、大学自治意识的觉醒以及治理理论的普遍传播，教育中介组织的产生被提上议事日程。在政府与大学间建立专业性中介机构是世界高等教育发展的通行做法，这样可以建立一种政府问责监督、社会参与、大学自我评估的运行机制。从我国的实际出发，可以考虑先建立更多得到政府支持的半政府中介机构，改变当前政府对大学的直接管理，在政府的授权下代替政府对大学进行各种监督、评估与反馈工作，让中介组织得到政府与大学的认可。随着政府改革实践的进一步深入，中介组织生长土壤的进一步完善，则可建立以真正独立于大学与政府、以真正中立的态度对双方进行监督与协作的社会型中介组织，使得人本理念下大学与政府的新型关系真正得以确立。

《国家中长期教育改革和发展规划纲要（2010—2020年）》指出："推进专业评价。鼓励专门机构和社会中介机构对高校学科、专业、课程等水平和质量进行评估。建立科学、规范的评估制度。探索与国际高水平教育评价机构合作，形成中国特色学校评价模式。建立高等学校质量年度报告发布制度。"[2] 尽快培育出成熟的教育中介机构，引入社会力量以增强民主，调和政府与大学间各种矛盾是我国建立政府与大学新型关系的重要举措。应建立专业的社会中介组织来评价大学学术质量，引入社会参与机制。社会中介应该独立于政府、大学之外；必须专业，必须是专业人士参与，甚

---

[1] 宁骚. 公共政策学[M]. 北京：高等教育出版社，2003：305.
[2] 国家中长期教育改革和发展规划纲要（2010—2020年）[EB/OL].（2020-07-29）[2021-12-10]. http://www.moe.gov.cn/srcsite/A01/s7048/201007/t20100729_171904.html.

至是学术方面的权威,有相当高的学术水准。为增强高校行政行为的自律,通过建立中介机构,依靠开放的社会中介力量,实施对高校的评估和监督,间接规范高校的行为,具体可采取政府组织形式或民间组织形式,既可设置咨询、监督性的机构,也可设立审议、评估性的机构。

当然,作为专业的社会中介组织还要得到大学的认可,即中介机构要非常了解大学的各种情况。例如,美国大学联合会虽说是大学的自治组织,但是它得到了各个大学的认可,因此,它能够建立一套适用于全美各个大学的通用评判标准,这一标准对保证大学的生源质量起到很好的作用。由此可见,一个完全不了解大学情况的第三方是不可能得到大学承认的。受大学欢迎的中介组织理应是中立的、平等的、不带任何偏见的、专业的,得到大学广泛认同的,能够客观公正地对大学进行评估,而且评估的意见是咨询性的,而非强制性的,这样才能够最大限度地促进大学的良性发展。

(二)人力资源等内部治理路径

1. 加强大学法人治理结构建设

大学法人治理结构,是为了实现大学的根本任务,建立在法定的财产权制度之上的一种治理方式。为实现高校教育目标,一方面,它对大学内部治理的组织机构设置以及其相互之间的权力、资源配置、制约与激励等方面进行制度安排;另一方面,它也是大学与外部利益相关者等关系做处理的机制安排。[1] 有学者认为,大学法人治理结构是指现代大学在运行和发展过程中,为了落实大学法人的主体地位,实现大学与政府、社会之间以及大学内部诸要素之间关系的双重构建,应以法人治理结构内外部权力机制的构造与配置为核心内容与运行机制,从而最终完成大学的责任与使命。[2] 公立大学的法人治理结构,最重要的是大学各权力主体之间的权利配置与权力运行机制。法人权利配置与运行机制并不等同于法人治理结构,只有以治理理念来审视法人权利配置与运行机制,才可以说是法人治理结构。

(1)法人治理结构是大学治理的核心问题

独立法人的地位是大学实现良好的治理的前提,大学法人治理结构是

---

[1] 彭宇文. 中国高校法人治理结构研究[M]. 北京:中国社会科学出版社,2006:55.
[2] 祈占勇. 现代大学制度的法律重构[M]. 北京:中国社会科学出版社,2009:249.

大学法人治理的关键。拥有独立的法人地位，大学才能与政府、企业展开平等的合作、协商与谈判。健全而又完善的法人治理结构是实现法人治理的核心要点，特别是大学内部的组织治理结构，要与其承担的社会责任、承载的根本功能相匹配，形成一个良好的组织架构。这个架构要能依法地享有民事权利，承担民事责任，是独立的法人治理结构，有健全的内部组织机构，有法定代表人。

大学法人治理结构远比公司治理结构要复杂，因为大学治理结构不仅涉及内部治理结构，即内部的举办者与管理者的代理成本问题，还涉及外部治理环境问题，比如政府、投资者、利益相关者、公众等主体与大学间可能产生的交易费用问题。大学在使用财政拨款时，权力代理是不能避免的。以往，很多国家直接将公立大学作为政府机关的一部分，或者等同于行政机关，以便降低代理成本。随着官僚主义的滋生和大学招生规模的扩大，广大公众对大学培养的产品和教育效率产生了疑问。考虑到公立大学对于国计民生的重要性，法人化问题仍需进一步探索与思考，寻求一种既能降低代理成本又不违背公共利益的折中方案。同时，大学法人与公司法人还存在终极价值与目标的追求差异。大学治理不可能像公司治理那样更多地体现出资人的股权利益，而是应关注大学内部各主体之间的利益平衡以及高等教育质量的稳固与提高等内涵发展目标。

笔者认为，中国公立大学改革的核心在于大学法人地位的强化，实现大学主体地位的回归与大学本体危机的克服与重塑，实现大学办学效率与效能的统一。

（2）法人治理结构的理性思考

大学法人治理结构在理论和实践上都来自公司法人治理结构，借鉴后者的基本做法，吸收与利用其精华，是建立大学法人治理结构不可或缺的基础。基于大学治理与公司治理的异同，我们认为，大学法人治理应遵循以下原则。

①尊重学术自由原则

学术自由是大学最重要的办学权力的体现。大学能否保持健康发展的活力，很大程度上依靠学术自由的情况。正如美国学者博克所言，大学中最重要的因素除了固有的硬件设施以外，人才的因素也是至关重要的，能否吸引有才华和创造力的知识分子为大学效力,同时,让他们在一个相对自由与独立的环境中开展学术研究与探索,这些都是大学得以发展与进步的关键因素。[1]也就是我们常说的大学不仅要有大楼,更要有大师和自由与独立的大学精神,这才是大学的根本所在。

学术自由是大学实现其职能的重要前提,也是大学保持独立性和批判性的保证。但是,随着时代的发展,学术自由不断受到各种力量的影响,特别是现阶段大学与社会形成了越来越紧密的关系,大学的教职人员面对着社会中更多的诱惑,这种变化使得学术自由受到更多不确定因素的影响,这种影响对于学术自由具有一定的危险性。[2]同时,学术自由也不是无限的,它与大学的社会责任紧密联系。

②减少泛行政化原则

大学作为一种社会组织,其正常运行离不开必要的行政管理,这种管理既是来自外部的,如政府教育行政部门的管理,也是存在于内部的,如大学自身的行政机构的管理。随着时代的发展和社会的进步,大学的管理也日趋复杂,大学的日常事务管理也需要专业化的队伍。[3]因此,建立教育管理机构,安排专业管理人员进行学校管理,是非常必要的。现实中,大学的行政管理日益官僚化和泛行政化。然而,我们始终不能忘记的是,在大学管理中,不能仅仅依赖行政力量,还必须依靠学术力量,因为学术力量是高校行政管理工作的基础与背景。

③以人为本的原则

牢固树立以人为本的教育理念、坚持以人为本的原则构成了大学办学的基本要求。也就是说,大学的发展应坚持以人为本,坚持对人才的尊重和重视,最大程度地发挥大学师生在治校过程中的积极作用,并将人才强校纳入大学的发展战略中。这对于培育和发展大学精神,改善大学管理方法,提高高等教育质量,促进高等教育规模、结构、质量、效益的协调发展,

---

[1] [美]德里克·博克. 走出象牙塔——现代大学的社会责任[M]. 杭州:浙江教育出版社,2001:19.

[2] [美]德里克·博克. 走出象牙塔——现代大学的社会责任[M]. 杭州:浙江教育出版社,2002:24.

[3] [美]约翰·S. 布鲁贝克. 高等教育哲学[M]. 杭州:浙江教育出版社,2001:37.

显得尤为重要和迫切。我们不可否认，国际一流大学的建设背后有着充足的资源投入，但同时也应认识到，大学发展更重要的是教师的创造性劳动。从教学内容的选择、教材的编写到授课过程、实验指导以及学生思想政治工作等，所有的教育教学活动都离不开教师的辛勤付出。大学教师理应被视为这一环境中最为核心和珍贵的资源，并且构成了维持大学存在和发展的中坚力量。与此同时，坚持以人为本也意味着对高校学生的充分尊重，应当在发展高等教育、落实大学管理工作的过程中紧紧围绕学生需求、育人理念而展开，把教书育人、管理育人以及服务育人的实效性真正地发挥出来，从而有效促进当代大学生的成长和发展。

2. 校长负责、教授治学与民主管理的耦合

对于大学而言，如果领导主体和被领导主体没有进行及时有效的沟通，那么必然导致双方抵触的情形出现，这样就会导致大学管理缺乏执行力。大学是为社会培养合格人才的地方，其满足的是公众的利益需求，是非营利性的机构组织，对于当代大学，必须充分结合教授治学和科学管理。由于人作为个体都具有追求利益的本性，这种本性若未加有效的引导很可能会导致社会利益的不均等分配，出现个人和集体的冲突、人与人之间的冲突。在大学内部环境中，我们有必要对行政权力、学术权力和民主权利进行合理耦合，强化它们之间的配合，解决它们之间的矛盾。

（1）以校长为首的管理机构行使行政权力

行政管理追求的是工作效率，对其绩效考评的重要依据是事件有没有在规定的时间节点完成。对于大学的科层结构而言，行政权力是以时间节点作为运行指向的，其要达到的目的是完成工作任务。科层等级制度使高层管理者对资源进行配置与安排，底层的管理者更多地只能接受安排。由于大学是非营利性的组织，因而大学中的行政管理机构应该是为教学科研提供服务的机构。对于大学宏观管理而言，笔者认为必须建立一套完善的行政权力系统，确保行政信息自上而下传递，确保能最大限度地为教学、科研、培养人才等活动提供周到的服务。大学行政管理必须保证高效性，确保决策能够快速下达给执行者，防止决策传递延误或错误，增强机构的执行能力。行政权力应自上而下地进行"漫射"，并根据行政人员的部门及所处的职位来赋予其相应的权力权限，确保其能够顺利落实行政管理工

作。

（2）以教授为主的高知群体行使学术权力

一个学术自由只是梦想、教授未拥有学术权力的大学，不可能是当代意义的大学。在美国大学的共同治理模式中，教授协会作为学术组织发挥了重要作用，特别在学科专业方面，比如课程设置的方案、教学安排的实施、科研方向的确定，以及高校终身教职的聘任与决定、高校财务的管理、高校的发展规划等方面。

行政权力作为主要的权力中心长期在我国的高等学校管理体制中存在，学术权力机构往往只能发挥审议咨询的角色，这种做法有着历史原因，虽然具有一定的合理性，但是从多元治理的角度出发，应当更多地发挥学术权力的作用，搭建让学术权力大放异彩的平台。在具体的制度设计上，一是可吸纳广大教授成立教授会，并对教授会委员实行常任制，为行政决策做专业把关，并根据学科发展、专业布局、科学研究、职务聘任、教学课程、学位授予等方面不同的内容设置二级专门委员会，对不同的学术事务进行分类讨论，形成尊重知识、尊重人才的工作模式。通过同行评价机制，逐步实现聘任制条件下的终身教授制。二是加强大学各二级学院的学术自治程度。二级学院是具体的教学科研单位，它承担着培养人才、学术创新的重要职责，也为大学改革与发展提供动力。学校重要工作的决策集中在校级层面，而具体教学科研的实施单位则是二级学院。教授们是掌握高深知识的群体，他们最了解学科背景和专业发展方向，因此，应该对二级学院进行权力下放，确保教授、副教授能公正合理得地获得相应的权力，实现教授管理学术事务。三是必须充分结合行政管理和学术管理，对于校部的决策应该坚持行政主导，对于院内管理则必须坚持学术主导，对于学术事宜的相关审议结果，则由学术机构把关。

（3）以教代会、学代会等代表师生员工行使民主权利

民主权利的行使主体是广大教职员工与青年学生，他们的知情权、参与权、表达权、诉求权以及监督权的行使程度如何，是检验人本理念视域下大学治理的重要指征。特别是在当前高等教育从精英化向大众化演进的历程中，大学的内部治理也应与之呼应，通过健全教代会、学代会等制度，吸纳更多主体参与各个环节的管理。只有这样，我们的民主管理才不是一

句空话。《高等教育法》对于在校教职工的民主权利及表达形式作出了明确规定：高等学校通过以教师为主体的教职工代表大会等组织形式依法保障教职工参与民主管理和监督，维护教职工合法权益。但是教职工代表大会仍然有一定的局限性，其难以确保一线教师的参与率，很多职工代表都是机关职能部门领导或者二级学院的领导，无法真正表达教职工的想法，因此对于校园民主制度建设，必须从制度建设、组织结构、会议形式等方面做出进一步的修改完善，如建立代表常任制、代表问责制等。同时，还可增加网络意见表达等通道，进一步创新和拓展民主渠道。

学生是高校的主体，大学最根本的任务就是培养学生。传统的观念把学生作为知识的被动接受者和大学管理的对象，而现代高等教育理念认为，学生既是受教育对象，也是大学服务的对象与依靠。然而，大学教育服务的对象(学生)的民主权利在我国大学的现行制度中却尚未得到充分的实现，学生还处于被动管理的地位。人本理念视域下的大学治理应以学生为中心，突出学生的主体地位，逐步提升学生在大学治理过程中的参与度，保障学生参与学校事务的权利；同时，推动学生参与学校的民主管理，建立学生与学校间的沟通机制。大学可以设计一些诉求反映的通道，让学生对课程设置、教学质量、考试考查、学风建设等方面提出建议，促进教育教学质量的提高，营造良好的校风学风。学生参与学校管理，也将有利于形成学生与学校之间更加和谐的关系。[1]

为了保障师生员工行使民主权利，人本理念视域下的大学治理应建立健全以校长为首的行政决策体系、以教授为主的学术决策体系和以师生代表为主体的"三位一体"的民主决策体系分权模式，通过处理综合性事务的校务委员会、处置学术性事务的学术委员会和反映民主诉求的民主委员会的分工配合，分别履行好大学的行政权力、学术权力与民主权利，从而构建"校长负责、教授治学、民主管理"的大学内部治理模式。

---

[1] 邬敏懿，吴明华. 校长负责、教授治学与民主管理的耦合研究——对高校党委领导下的校长负责制的认识与思考[J]. 高等财经教育研究，2012（03）：65-69.

第六章　人本理念视域下大学治理的未来趋势

改革开放四十多年来，大学作为我国社会经济发展的一个重要环节，取得了许多令人瞩目的成就：高等教育迅速从精英教育向大众教育转变；政府在高等教育发展中的重要性，尤其是与大学的关系正在日益受到世人的关注；家长和学生的教育权利意识逐渐凸现，并逐渐得到了认可、重视和尊重。这些为高等教育下一步的创新发展奠定了良好的基础，使高等教育走向治道变革成为可能。但是，教育平等、管理体制以及教育质量和效率等方面的问题还比较突出，严重束缚了我国高等教育的进一步发展。要走出目前的大学治理困境，必须超越传统的思维定式，进行教育理念创新。作为一种理论源泉，公共治理理论和马克思主义人本理论无疑给了我们一个全新的视角。大学治理需跟随新时代的步伐，与时俱进求发展，改革创新求突破，才能破解当前大学治理中亟待解决的问题，才能不断提升其对人才培养工作的贡献度。为此，笔者借助公共治理理论和马克思主义人本理论中的一些理论工具，结合治理理念与治理实践的内在张力、大学治理面临的时代挑战等，分析大学治理的未来走向，从高等教育的办学理念、管理体制、战略重心、评价机制等方面进行一番粗浅的构建。

一、治理理念与治理实践的内在张力

"张力"指受到牵拉的物体中任一截面两侧存在的相互作用的拉力。如用绳吊起重物时，绳中任一截面两侧都存在相互作用的张力，绳处于紧张状态。"内在张力"一般用于哲学和社会学领域时，即指内在矛盾。治理理念与治理实践的内在张力是指二者的内在逻辑关系。

实践观点是马克思主义的基本观点，在整个马克思主义理论体系中居于基础地位。对于理论与实践的关系,我们通常的看法是:理论指导实践,同时理论从实践中产生、为实践服务、随实践发展并接受实践检验。理论的活力源于实践,思想的力量在于指导实践。人本理念体现了新时代大学治理中政府、市场、社会、教师、学生等多元治理主体的人权诉求,它指导治理实践创新;反过来,又有力地推动了中国人权的持续进步,在治理实践中发展、检验人本理念。治理理念与治理实践是辩证统一的关系。

(一)人权诉求是人本理念的实践来源

目前,中国的社会转型不仅仅只是经济体制的转轨,而且还包括政治、伦理、法律、文化等社会因素的变革与发展。法国政治家托克维尔(A.C. Tocqueville)曾指出,没有一个伟大人物没有德行,没有一个伟大民族不尊重权利。[1]作为中国现代化进程中的一个新阶段,转型期给我们带来了不同以往的、全新的文明感受和无限的向往,这与广大公民对自我价值、自身权利的认知,发挥主观能动性、积极主张并实现自身的权利是不可分割的。"新时代的人权诉求由此形成了一股强大的推动力,它成为人本理念实践来源中的一个重要组成部分。

1. 市场经济的人权诉求

社会主义市场经济体制摆脱了新中国成立后长期奉行的计划经济体制的束缚,更是对几千年传统文化中以商为耻的抛弃。社会主义市场经济体制的建立是一场具有里程碑式意义的社会革命,它的影响遍及社会的各个方面。社会主义经济主体活力的激发源于其对自身权利的认知与维护。在计划经济体制下,企业缺乏经营自主权,个人缺乏基本的经济独立权利,沦为各层行政组织的附属品。而在社会主义市场经济条件下,人权得以复归与实现,激发了其潜在的应有活力。市场经济要求平等,这就率先从经济上否定了基于血缘、身份、地域、宗教、种族、性别的差别而产生的社会等级特权,同时唤醒了人们的主体意识,培育人们的平等、自由、民主等观念,而且要求国家维护社会成员的权利。在当代中国,市场经济是适应社会义初级阶段生产力发展水平的最佳资源配置形式和经济运行形态。它能确立动力、公平和保障机制,使地位平等、机会均等和共同发展精神

---

[1] 转引自:夏勇. 中国民权哲学[M]. 北京:生活·读书·新知书店,2004.

得以贯彻和弘扬。它要求党和政府在市场经济生活方面前相对少为，并以提高人民群众生活水平，保护和促进人权的发展进步为根本目的。"深化简政放权、放管结合、优化服务改革"①，这一中国特色的政府职能转变思想进一步明确了改革方向，开启了新一轮深入改革浪潮。此外，市场经济本身固有的缺陷、曾经的粗放型生产模式带来的代际影响，使我们必须看到单纯的经济增长并不直接意味着社会的进步和人的发展。党中央及时提出以人为本理念，让公权力对公民的财产权、劳动就业权、休息权、物质帮助权等保驾护航。

（1）办学理念之变——走向教育公平

社会公平一直是人类社会追求的崇高目标，也是公共治理理论的核心内容之一。它包含着最大限度的公平配置有限的社会资源，体现了社会发展的总体平衡等诸多内涵。教育公平是社会公平价值在教育领域的延伸和体现，其核心是教育机会均等，包括三个层面：入学机会均等、进入不同教育渠道的机会均等、取得学业成功的机会均等。在我国，高等教育供给有失公平显然是一个长期的现实存在，甚至成了人们默认的一种"理所当然"的习惯理念，例如：近几年来，高校收费制度进一步导致了城乡青年接受教育的机会的差别扩大，对许多农村家庭而言，根本无力承担如此高额的学费。大学阶段教育机会的不公是基础教育阶段教育机会城乡差别存在与发展的必然结果，由此产生的各种教育不平等现象，将会延伸到今后的就业及其他方面的发展，进一步加剧不公平现象的产生。因此，我国教育制度和教育政策需要按照促进社会公平的原则进行更深刻的解构与重构，减少差别直至消除不公应该成为教育制度与政策建设的主题，应成为现阶段最重要的政策导向。大学和高等教育的改革应为缩小城乡差别和保障人们的教育权利平等发挥重要作用。无论是从我国政府执政为民的宗旨来看，还是从教育的本质和承担的社会责任来看，公平应是政府角色及其教育政策的基本属性之一。政府是维护和促进教育公平的社会主体，应该承担主要责任，教育不公平的问题可以通过政策修订和制度创新进行调节。

---

① 习近平. 在庆祝海南省办经济特区30周年大会上的讲话（2018年4月13日）[M]. 北京：人民出版社，2018：11.

(2)管理体制之变——走向分权多元

公共治理理论的一个基本原则就是要打破基于科层制的政府行政体制，进行体制创新，形成灵活多样的公共部门管理机制，并将政府相当部分的公共职能转交给社会及私人部门。治理"指的就是为了实现与增进公共利益，政府部门与非政府部门（私人部门、第三部门或公民个人）等众多公共行动主体彼此合作，在相互依存的环境中分享公共权力，共同管理公共事务的过程。对政府部门而言，治理就是从统治到掌舵的变化；对非政府部门而言，治理就是从被动排斥到主动参与的变化"[1]。借鉴这一理论，我们必须加快高等教育体制创新的步伐，理顺大学与政府的关系，培育和发展非政府机构介入教育领域。相比经济体制改革的非凡成就，教育体制改革的收效不大，个别措施甚至起相反的作用。现行的具有典型计划经济特征的教育行政体制过分强调政府对教育的控制，对教育事业的管理主要表现为一种以命令服从为主要特征的高度集权方式，带来了很大的弊端。政府是我国高等教育事业的管理者，代表国家掌控高等教育公共资源，是大学治理中的政治主体。无论是国家治理现代化要求，还是高等教育现代化目标需求，都需要治理理念及时跟上并实施治理改革。从国家治理现代化的要求看，党的十九届四中全会通过的《中共中央关于坚持和完善中国特色社会主义制度 推进国家治理体系和治理能力现代化若干重大问题的决定》提出，要"坚持和完善中国特色社会主义行政体制，构建职责明确、依法行政的政府治理体系"[2]，并"坚持一切行政机关为人民服务、对人民负责、受人民监督，创新行政方式，提高行政效能，建设人民满意的服务型政府"[3]。政府治理改革是国家治理现代化总体要求的任务部署，而其中多次重复的"人民"二字更是强调了政府治理改革须践行"以人民为中心"的核心理念。从高等教育现代化目标需求来看，政府需根据现代高等教育发展的需求变化，既积极应对经济社会变革带来的新挑战，及时回应公众的新要求，

---

[1] 陈振明. 公共管理学原理[M]. 北京：中国人民大学出版社，2003：87.
[2] 中共中央党史和文献研究院. 十九大以来重要文献选编（中）[M]. 北京：中央文献出版社，2021：279.
[3] 中共中央党史和文献研究院. 十九大以来重要文献选编（中）[M]. 北京：中央文献出版社，2021：279.

又要从对大学自上而下的二元权力格局中走出来,实现放权赋权,减少对大学办学的干扰,避免用单一的评价标准或强制的制度工具束缚大学,还要激发大学在社会发展中的主体意识,培育其办学活力与发展的自组织性,促进大学与社会的互动与协作,引入更多的市场机制,更多地运用市场的办法来管理大学事务,帮助大学发展出灵活应对不同受众需求的供给能力。

2. 民主政治的人权诉求

作为一种政治形式,民主在现代国家的确立,并不仅是因为民主具有很多工具主义的价值,如能够带来社会的稳定、推动经济发展,更重要的是因为自由民主制度反映了来自人性的深刻要求,即人与生俱来的对自由与权利的渴望。在公民与政权的关系上,民主政治表现为承认公民均能平等地参与国家和社会事务的管理。公民具有独立的政治人格和政治权利,可以通过参与社会政治、经济、文化生活行使和实现公民权利。我国是工人阶级领导的、以工农联盟为基础的人民民主专政的社会主义国家,人民是国家的主人。我国宪法规定,中华人民共和国的一切权力属于人民。这一规定是对人民民主原则的宪法确认,具有最高的法律效用。"人民民主是社会主义的生命。"[①]人民当家做主管理国家事务既是社会主义国家的本质属性,也是民主政治的重要内容。但由众多的人民群众直接管理国家事务,既不可能也有悖于公共管理的逻辑规律。人民群众只能通过他们的代表实现对国家的间接管理,而将主权留给自己,这种主权将外化为人民的各种民主权利。如果人民群众无法对公共权力构成约束和监督,或者这种约束和监督不具备刚性,那么,"主权在民"就失去了赖以实现的平台。中国共产党是人民的代表,夺取政权后必然把革命所代表的全体人民对权利的要求通过新生的政权形式全部实现,全国人民代表大会以立法形式赋权于人民,同时使人民懂权、爱权、运权;通过民主渠道,听取人民群众的呼声,不断丰富人民群众的权利,充分发扬人民民主,保证全体人民真正通过各种有效形式管理国家,巩固和发展安定团结、生动活泼的政治局面。

大学治理中的民主管理不仅体现在民主参与方面,还体现在民主监督上。民主参与指大学各利益相关者参与到大学治理中来,如决策机构在进

---

① 本书编写组. 中国共产党第十七次全国代表大会文件汇编[M]. 北京:人民出版社,2007:27.

行决策时要充分、广泛地听取不同利益群体的意见，采纳不同利益群体的意见或者建议；同时在决策程序和过程上严格按照相关规定执行，各个委员会多采用集体投票决策的方式，确保决策的公正性和公平性，并且在校内设立了咨询机构，为决策提供咨询帮助。民主监督指发挥不同利益主体的监督作用，在加强党内监督和行政监督的同时，积极发挥广大教师群体和学生群体的监督作用，形成一种上下互动的良性运行状态，确保大学内部各项权力在阳光下运行，各项事务运行顺畅，推进大学的民主管理规范化、有序化运行。

（二）人本理念是大学治理实践中人权扩展的精神动力

人本理念不仅为大学治理中人权建设提供了最新的理论指导，还对大学治理中的人权建设提出了进一步创新发展的要求。人权实践无止境，人本理念的发展创新也无止境。我们必须解放思想、实事求是、与时俱进，在实践中不断丰富马克思主义人权理论，并以此来推进人本理念视域下大学治理的发展和创新，从而不断开创大学治理的新局面。

1. 有助于树立科学的人权观

从人权的角度来看，人本理念的提出是我国人权建设的一项重大成果。它为我国的人权建设提供了新的正确指导思想，有助于树立科学的人权观，从而指导人权实践的健康开展。党的十八大以来，习近平总书记的系列重要讲话中饱含丰富的人本思想，其内涵可以概括为：国以人为本，以人的全面发展为根本；政以民为本，以人民的根本利益为根本。从维护实现人民利益的全面性看，不仅包括了经济利益，还包括了政治利益以及生产生活中的其他各方面利益，既注重维护实现人民的根本利益，又力求满足人民对美好生活的需要。

大学治理理念是关于把大学办成什么样子以及如何去办的一种想法和观念。从大学治理现代化的视域去审视大学治理理念，是符合时代发展潮流和适应大学改革的重要导向，指引着大学发展的方向和前进的道路变革大学治理理念，树立与大学治理现代化相适应的理念，是大学治理实践中人权扩展的思想指引。

(1) 树立自主办学的根本理念

进一步落实和扩大大学办学自主权，是大学树立自主办学理念的重要前提，这是建设中国特色现代大学制度的重要保证。大学坚持树立自主办学理念，一方面需要政府及其主管部门对大学自主办学有比较深刻的认识，明确界定大学与政府、社会之间的关系与权力边界，以防政府"越位"和社会"缺位"现象的发生；另一方面，需要加强大学内部各要素的整体协调，增强大学自主办学的能力。[1]

(2) 培育学术本位的价值理念

大学不是政府部门，也并非追求股东利益最大化的企业，而是追求学术自由和文化创新的场所。学术本位理念所倡导的学术性是大学最核心的属性所在，培育学术本位的价值理念，有利于促进大学内部治理体系和治理现代化过程中学术共同体的建立和规范。其重要作用主要体现在以下几个方面：一是汇聚学术人员——有一批坚持学术自由的老师和学生，愿意为学术创新和繁荣发展贡献智力。二是划定学术场域——什么是学术研究的领域，该领域由哪些人群组成，他们的权利和义务各是什么，学术探讨和研究不受外界行政组织的领导和干预。三是形塑学术规则——其成员能够遵循学术价值，该学术共同体的形成存在一定的制度规范和约束，作为其正常运行的依据，对成员进行精神领导和行为约束。四是形成心理认同——成员对学术共同体的制度规范和学术规则有一定的心理认同，这也是形成高组织认同感和高组织承诺感的基础和前提。[2] 因此，坚持学术自由的价值追求是学者（教师和学生）不断提升自身学术水平和推进科学研究与创新的重要一环。

(3) 弘扬"立德树人"的育人理念

党的十八大将立德树人首次确立为发展教育的根本任务，是对党的十七大"坚持育人为本、德育为先"教育理念的深化，同时也指明了今后教育改革发展的方向。国无德不兴，人无德不立。大学作为高等教育领域里大学生思想教育的重要场域和中心环节，更要牢固树立立德树人的教育

---

[1] 孙霄兵. 探索完善中国特色现代大学制度[M]. 北京：高等教育出版社，2012：19.

[2] 张文江. 大学治理中学术共同体与行政共同体的协同作用[J]. 高等教育管理，2015 (06)：59-63.

理念。对于广大青年如何树立和培育社会主义核心价值观,笔者认为,可以从以下几方面入手:一是要勤学。书山有路勤为径,学海无涯苦作舟。勤奋是获取知识的不二法门,广大青年要勤于学习、善于学习。二是要修德。人才培养的核心在于大学生思想素质的提高和个人品德的提升。要将道德修养寓于日常教育中去,寓于社会实践中去,寓于思想政治教育的全过程中去。三是要明辨。既要不断提高明辨是非的本领,也要善于决断和选择,不断提高大学生的判断力和决断力。四是要笃实。不积跬步,无以至千里;不积小流,无以成江河。唯有踏踏实实、勤勤恳恳干事,才能积小成大,积沙成塔,实现预定目标。

(4)发展系统思维的战略理念

大学治理体系就是以制度为核心,包括价值理念、行为方式、主体构成及治理内容等要素在内的治理系统。[1]大学内部治理体系不是某一模块的调整和优化,而是一个系统工程,是将大学内部各要素通过一定的排列组合而形成的有机整体,因此需要培养管理者的大局意识和系统思维,主要涉及大学治理理念(决定办什么性质的大学、办学方向是什么)、大学的发展战略和阶段性目标(大学的发展愿景是什么、每一阶段的目标是什么)、厘清大学内部各权利主体间的关系、合理划分大学内部利益相关者的权力边界和职责权限、确定大学章程核心地位的同时完善相关制度设计、创新"校—院"两级治理关系、激发二级学院办学活力和强化内部监督保障等各部分之间相互协调、相互促进,保证大学治理能力提升和大学治理现代化的动态发展。

2. 有助于指导大学治理中人权的法治建设

人权同其他权利一样,既不是与生俱来的,也不是神或统治者赋予的,或是源于宪法规定的,而是人民通过各种形式的斗争争取来的。"人权并不是来自任何宪法,它先于任何宪法就已经存在了。诚然,人权也需要宪法和法律来确定、确认、载列和保障。"[2]有法可依,是保障和实现人权的

---

[1] 何健. 高校治理体系现代化构建:原则、目标与路径[J]. 国家教育行政学院学报,2017(03):35-40.
[2] [美]路易斯·亨金. 权利的时代[M]. 信春鹰,吴玉章,李林,译. 北京:知识出版社,1997:108.

第六章 人本理念视域下大学治理的未来趋势

基本前提，落实人本理念，就要进一步加强人权立法，完善人权法律保障体系。

党的十八届三中全会提出："全面深化改革的总目标是完善和发展中国特色社会主义制度，推进国家治理体系和治理能力现代化。"[①]治理能力现代化包括治理制度化、治理民主化、治理法治化、治理高效化、治理协调化五个方面，其中治理法治化既是治理能力现代化的重要内容，也是治理能力现代化的重要保障。因此，治理法治化在治理能力现代化中非常重要。大学治理作为国家治理体系的重要内容，要提高其治理能力，必须进行法治化。只有通过大学治理法治化，才能扫清大学治理中的制度障碍，并通过正式制度的设计与运行，确保大学治理实现民主、法治、高效、协调。

第一，大学治理法治化能够为大学治理提供正式制度规则，从而有效规范大学治理。如果大学治理缺少各治理主体必须奉行的正式制度规则，而仅依据非正式制度规则运行，则各治理主体违反非正式制度规则的行为也得不到法律的规制，从而无法规制各治理主体作为理性经济人的自利行为的过度膨胀，大学治理就会存在治理"失灵"的风险。因此，大学治理法治化能够为大学治理提供正式制度规则，确保大学治理在法治的轨道上运行，从而避免大学治理非正式制度规则运行中的"失灵"风险。

第二，大学治理法治化能够确立各治理主体民主参与的内容与形式，保障人权扩展，从而有效保障大学治理民主化。在大学治理主体共同决策过程中，其重要的、核心的参与内容必须通过法律、法规、规章进行规定，才能确定民主参与的内容，从而为大学治理民主化提供实体上的法律规制。其民主参与的内容也必须通过法律、法规、规章所规定的程序性规定予以规范，才能通过程序正义得到落实，从而为大学治理民主化提供程序上的法律规制。

第三，大学治理法治化通过法律关系、权责、程序的科学设计，可以有效保障治理高效化。大学治理法治化确立了多种法律关系，使大学治理主体为了实现治理高效之目的选择最为适合的法律关系；大学治理法治化合理配置了主体间的权责，打破了大学统治、管制、管理状态下的权责不

---

① 中国共产党第十八届中央委员会第三次全体会议文件汇编[M]. 北京：人民出版社，2013：18.

平衡，从而尽量通过调动平权治理主体的积极性、主动性、创造性解决治理问题；大学治理法治化设计了法律关系运行的程序与纠纷解决程序，能够保障治理权责的有效运行与治理纠纷的及时化解。

第四，大学治理法治化对重要的协作内容进行法律规制，可以确保大学治理的协调运行。大学治理更注重的是各治理主体间的协商与合作，并对重要的协作内容通过法律关系与权责分配进行科学合理的法律规制，能够保障重要的大学治理关系的协调运行。

3. 有助于促进大学治理中人权实践的全面发展

人本理念，其理论基础是唯物辩证法关于事物普遍联系和运动发展的基本观点，以及历史唯物主义关于人民群众的基本观点和关于价值的基本观点。[1]在主观指导上，要自觉地运用辩证法，用全面的、联系的、发展的、矛盾的思维去观察和分析问题，用统筹协调的方法去处理问题，避免片面性，只有这样才能实现经济和社会的可持续发展。同样的道理也适用于人权建设。经济、社会、文化权利与公民权利、政治权利是人权体系的组成部分，彼此不可分割。公民权利和政治权利是公民享有人格尊严和实现充分人权的基本政治保证，经济、社会、文化权利是公民享有公民权利和政治权利的不可缺少的物质文化保障。

坚持人本理念视域下的大学治理，要坚持依法治校，健全民主制度，确保大学治理各利益主体的权利，激励教师与学生参与，为尊重和保障人权提供政治、法律和制度保障；要坚持自主办学，同时适当引入政府调控、市场调节与社会参与；要加强大学法人治理结构建设，加强校长负责、教授治学与民主管理的耦合，以便最大限度地保证大学的健康发展。

二、大学治理面临的时代挑战

高等教育组织作为复杂系统正在从封闭走向开放，其内外部环境持续不断地发生的变化要求大学治理必须重视制度与人的因素。20世纪90年代以来，组织作为一个开放系统已经从根本上改变了高等教育组织与理论的研究方向。正如斯科特所强调的："组织不是封闭系统，与外部环境隔绝，

---

[1] 陈文通. 科学发展观新论[M]. 南京：江苏人民出版社，2006：154.

而是对来自其自身系统之外的人员与资源保持开放和依赖的状态。"[1]政府、市场、社会与大学之间的关系逐渐变得紧密,大学的角色由中世纪传统的"象牙塔"到20世纪60年代的"服务站"再到如今的"发动机",角色和地位的变化使得高等教育机构面临多重挑战,大学治理也变得愈加复杂。

(一)环境的挑战

高等教育发展面临着一个越来越复杂的外部环境,社会、文化和市场的力量正在重构高等教育图景。[2]许多来自系统外部的不可控因素影响了大学发展的选择与目标的实现以及大学内部的教学、科研活动。环境的挑战主要来自三个方面:一是对外部环境变化的回应。一些批评者认为大学没有及时回应外部环境的变化,只会"向内看",倾向于保守和维持现状。阿什比(E. Ashby)认为:"任何类型的大学都是遗传与环境的产物。"[3]无论是被动接受或主动适应,环境的变化和需求都在有意无意改变高等教育的目标、结构和管理模式。"现代大学因适应而'生',因适应而'变',因适应而'治',因适应而'殇'。"[4]无法适应环境变化的大学注定会在历史洪流中淘汰。二是内部人员的反馈。对大学的另一种批评来自内部反馈机制的不完善。管理者没有很好地重视教职工和学生的呼声,反而强化了官僚等级差距,导致组织变革的动力大为减弱。三是高校"合法性身份"的压力。高等教育机构为其所处环境做出贡献的程度往往决定了该机构的合法性和资源获取的程度。

(二)结构调整的挑战

斯蒂芬·罗宾斯(Stephen P. Robbins)等提出了组织结构的三个重

---

[1] Scott W. R. Organizations:Rational, Natural and Open Systems[M]. New Jersey: Prentice Hall, 1992: 22.
[2] Paul D.Higher Education in Competitive Markets: Literature on Organizational Decline and Turnaround[J]. The Journal of General Education,2005(02): 106-138.
[3] [英]阿什比. 科技发达时代的大学教育[M]. 滕大春,滕大生,译. 北京:人民教育出版社,1983: 114.
[4] 任增元,张丽莎. 现代大学的适应、变革与超越——基于欧美大学史的检视[J]. 教育研究,2017(04): 117.

要指标：复杂性、集权度和规范化。①大学是高度专业化的组织，从横向结构来看，大学组织专业化分工越来越细，职能部门数量也越来越多。从纵向结构来看，层级结构逐渐增多。从大学权力来看，重心开始下移，从高度集权向横向分权转变。高等教育组织结构设计需要充分考虑各子组织间的协调发展与沟通。

（三）非正式结构中人际关系的挑战

高等教育机构不仅是静态的结构设计，也是人际关系的互动链。组织成员责任、等级、分工、需求等的不同，导致非正式人际关系具有复杂性。组织成员间的互动能够构建出有益或阻碍组织发展的文化与氛围，对于组织领导者来说，了解组织生活中的非正式人际关系是确保组织运行的先决条件，②组织在实现整体目标的同时，也需要满足组织成员的个人需求和利益。组织成员首先考虑自身利益，其次才是组织整体目标。正因如此，如何处理非正式结构中的人际互动对组织的发展起重要作用。

可见，现代大学面临的挑战主要来自环境、结构和人际互动三个方面，只有不断完善制度设计以及重视行为者的主观能动性，才能更好地应对不断变化的挑战。

三、人本理念视域下大学治理的战略创新

作为我国国民教育体系的重要组成部分，高等教育经过多年的实践探索，形成了具有鲜明中国特色的制度体系，在构建服务全民终身学习的教育体系中具有不可替代的重要地位；在全面贯彻党的教育方针、建设学习型社会中发挥着不容忽视的重要作用。这一制度体系，既有着十分丰富的实践内涵，又有着非常鲜明的中国特色，同时具有全新的世界意义。立足高等教育由大众化阶段转向普及化阶段跨越的新起点，面对建设社会主义现代化强国的新需要，从人本理念出发，笔者认为，必须从以下五个方面

---

① [美] 斯蒂芬·罗宾斯, 蒂莫西·贾奇. 组织行为学（第18版）[M]. 孙健敏, 朱曦济, 李原, 译. 北京：中国人民大学出版社, 2021：415.
② Jams L.B, Jay R. D. Understanding College and University Organization: Theories for Effective Policy and Practice[M].Sterling: Stylus，2008：5.

加快推进大学治理体系现代化建设。

（一）完善以立德树人为根本的一体化育人体系

党的十八大以来，以习近平同志为核心的党中央，坚持真理，尊重规律，与时俱进，科学把握新的时代使命和实践需要，形成了习近平新时代中国特色社会主义思想，高瞻远瞩、科学系统地回答了新时代坚持和发展中国特色社会主义的一系列重大问题，引领着全党全国人民向着中华民族伟大复兴昂首迈进。

习近平新时代中国特色社会主义思想的内涵极其丰富，涵盖了党和国家建设发展的方方面面，特别是对教育工作，"要以培养担当民族复兴大任的时代新人为着眼点"[1]，再次强调优先发展教育事业，赋予了新时代中国教育新的发展内涵。由此可见，科教兴国是国家兴旺、民族复兴的战略性工程，在中国特色社会主义新时代，教育现代化就意味着教育要全面贯彻新时代党的教育方针，要持续深入推进教育公正公平，坚持以立德树人为主线，教育的质量必须紧紧围绕培养什么样的人、为谁培养人、怎样培养人这一根本问题而展开，从而培养更多能够适应未来社会发展需要的社会主义建设者和接班人。

在大学阶段贯彻落实立德树人根本任务，应该解决思想政治教育中"五育"割裂化的突出问题。我们要清醒地认识到，立德树人绝不应停留在德育课程的讲授上，而应渗透到智育、体育、美育和劳动教育诸多方面中。要明确所有教师都承担着立德树人的根本任务，加强学校德智体美劳教育的整体性和系统性。大力构建以课程育人、科研育人、实践育人、文化育人、网络育人、心理育人、管理育人、服务育人、资助育人、组织育人等为依托，德智体美劳"五育"并举，形成强大育人合力的立德树人落实机制。

在大学阶段贯彻落实立德树人根本任务，应该解决长期存在的学校教育与家庭教育、社会教育不协同的突出问题。当代的大学，已经不再是传统意义的"象牙塔"。所以，在大学生的教育培养特别是思想品德养成过程中，大学不能再唱独角戏，应该统筹发挥学校、家庭和社会教育的育人资源。

---

[1] 中共中央党史和文献研究院. 十九大以来重要文献选编（上）[M]. 北京：中央文献出版社，2019：96-97.

特别要高度重视家庭教育，这是学校教育和社会教育的基础，是每一个教育的起点。同时要高度重视社会教育，这是家庭教育、学校教育的必要延伸，是学生走向社会不可或缺的历练过程。只有学校教育、家庭教育、社会教育不唱对台戏，同唱一台戏，才能相互协同，形成贯彻落实立德树人根本任务的强大合力。

（二）夯实以服务需求为特色的学科专业体系

学科专业设置的特色是一所大学的根本特色，学科专业建设水平是一所大学核心竞争力的集中体现。在高等教育整个体系中，各大学应该立足本校实际，紧紧围绕国家和社会需要，设置科学合理的学科专业体系，这是解决高等教育供给与需求这一结构性矛盾的迫切需求。

现阶段，我国高等教育存在供给与需求方面突出的结构性矛盾：一方面是高校毕业生数量庞大，就业难问题长期困扰着我们；另一方面是人才供给远远满足不了经济社会发展的迫切需求。在我国经济发展已经进入了新常态、产业结构正在发生重大调整的背景下，就业难与人才难得的矛盾更加突出。其原因是多方面的，其中之一是在高等教育规模急剧扩张的过程中，一些大学过分关注规模数量发展，而忽视了学科专业、类型层次、内外部管理等结构的调整，影响了高等教育整体效能的发挥。所以，要扎根中国大地、坚持服务需求这一导向，把服务国家战略和区域经济社会发展作为学科专业设置调整的前提条件，把落实国家标准作为学科专业建设的底线要求，确保学科专业自身发展的"小逻辑"服从于经济社会发展的"大逻辑"。

坚持有所为有所不为、有选择性地设置和发展学科专业，是学科专业体系建设的基本原则。当前，我国高等教育结构类型在发生着重大的变化，已经从相对单一的结构向多元多样化办学结构转变。但是，这种转变不是说学科专业越多越好、越全越好。学科专业不在多、不在全，而在特、在强。关键要建设好与本校办学定位和办学特色相匹配的学科专业群，压缩"平原"，多建"高峰"，避免赶速度、铺摊子、求规模。尤其要把大学传统的优势学科专业做强，把国家战略急需的学科专业做精，把新兴交叉融合的学科专业做实。一些大学选择学科专业的时候往往忽视这些问题，简单地与其他学校的学科专业进行对比，认为论文发表量多的学科专业就是优势，忽视了学科专业和学校的特色定位。

实际上，"特色＋优势＋一流"，才是真正的一流，才是持久的一流。在具体操作上，要不断强化学科专业制高点，培育学科专业重点，培育学科专业增长点；既要克服"唯学科专业论"的倾向，也要克服"撒芝麻盐"的倾向，把有限的资源统筹利用好，好钢用在刀刃上，形成学科专业发展优势带动、多元发展、交融并存的良好态势。另外，针对学科专业上的盲目布点、重复设置、"多而散"的功利性现象，必须痛下决心建立预警机制，把就业状况反馈给人才培养环节，科学合理地设置学科专业，统筹好学科专业的存量升级、增量优化、余量消减工作。

（三）形成以协调发展为目标的分类办学体系

要形成以协调发展为目标的分类办学体系，就不能盲目攀高，一味追求学术型、综合型办学体系，要形成梯度、对接需求，要从"金字塔"转向"五指山"。

我国的高等教育领域既有研究型大学，又有应用型大学，还有职业技术型院校。各级各类高校要在不同地区、层次、领域内办出特色，形成各自的办学理念和风格，把多样化、有特色、服务需求作为大学发展的战略选择，实现"错位"发展、内涵式发展，形成与经济社会发展相协调的格局。

在学校层次类型上，既要发展高水平研究型大学，也要发展应用型大学，不同层次的大学都要追求卓越、办出特色，实现大学差异化发展。本科教育要培养适量的基础型、学术型人才，但更重要的是加大力度培养多规格、多样化的应用型、复合型人才。研究生教育要以培养高层次创新型人才为重点，培养结构从以学术学位为主向学术学位与专业学位协调发展转变。高等职业教育要以培养高素质的技能型人才为重点，走校企结合、产教融合、突出实战和应用的办学路子。

要通过推动一批地方本科院校向应用型大学转型发展，使普通高等教育与职业高等教育的人才培养比例更为合理。通过推动"双一流"大学建设，形成高层次高水平的学术人才培养体系。特别是，要针对不同类型、层次大学的办学特点和资源需求，形成分类评价的体系标准和管理政策，建立不同类型大学的经费投入、人事管理、质量评估、监测评价制度，逐步构建起与我国经济社会发展相适应的分类办学体系。

（四）构建以质量贡献为导向的教育评价体系

评价是一个必须解决的"老大难"问题。习近平总书记强调："要坚决克服唯分数、唯升学、唯文凭、唯论文、唯帽子的顽瘴痼疾，从根本上解决教育评价指挥棒问题，扭转教育功利化倾向。"[①]这就要求我们，要认真践行重师德师风、重真才实学、重质量贡献的价值导向，构建以质量贡献为导向的教育评价体系。

一是培养一流人才，把人才培养质量作为首要标准。一所大学办得好不好，主要是看培养的学生优秀不优秀。大学应该培养符合社会需要的高素质专门人才和拔尖创新人才，培养引领社会发展的能工巧匠、学术大师、兴业英才、治国人才。

二是产出一流成果，把对国家的贡献度和国内外公认度作为重要考量。服务国家经济社会发展是大学的使命。大学的成果应该表现为破解世界科技前沿难题、满足国家重大战略需求、回答解决区域行业重大理论和现实问题等多种形式。

三是发挥一流影响，把形成的重大影响力作为最高评价。大学的影响源自大学文化的沉淀和积累，表现为对高等教育现代化趋势的引领。要以长远的眼光、历史的视野审视一所大学对国家、民族所做的贡献，以及对推动人类文明进步所产生的影响。

四是办好一流本科，把一流本科教育作为立校之基。提高人才培养质量，基础在本科。没有高质量的本科，办好大学就缺乏根基。大学的本科教育应该在领导精力、师资力量、资源投入等方面具备充足的保障。在办学质量的评价条件中，要加大本科教育的指标权重，使本科教育和人才培养真正成为大学的底色和第一使命。

需要强调的是，在构建中国特色教育评价体系时，可以借鉴参考国外一些优秀的做法，在可比领域和具有显示度的指标上，加快速度进入世界一流行列或前列，赢得国际的认可和尊重。我国的大学有其自身发展的规

---

① 习近平. 论坚持全面深化改革 [M]. 北京：中央文献出版社，2018：473.

律和特色，绝不能被国外的排名指标牵着鼻子走，更不能简单套用、完全依赖。建设"双一流"，不能唯国际排名论英雄、论成败，关键是要解决好国家和民族面临的时代问题，这是我国大学不可回避、不可推卸的历史责任。学校过于追求排名是一种学术短视的功利行为，不符合学校发展和学科建设的普遍规律。世界上名声赫赫的大学，都是因为优秀人才培养和卓越学术成果积淀而得到公认的。

（五）坚持以党的领导为统领的内部治理体系

建设具有中国特色、世界水平的高等教育，要构建以党委领导下的校长负责制为核心，以职能部门和专业院系为依托，以学术委员会、教代会、理事会等为支撑的现代化大学内部治理体系。坚持和完善这个治理体系，才能形成党委领导、校长负责、教授治学、民主管理的治理格局，释放办学活力，激发办学动力，不断提升办学治校的治理能力。

首先，要坚持和完善党委领导下的校长负责制，增强政治引领力。在大学内部治理体系中，坚持党委领导下的校长负责制这个根本制度，就是党委重在谋划和决策，履行把方向、管大局、做决策、抓班子、带队伍、保落实的职责，统一领导学校工作；就是校长重在实施和管理，全面负责教学、科研和其他行政管理工作，依法行使职权。在这一体制运行过程中，要特别注意把握好集体领导、科学决策、分工负责这三个关键点。

其次，要充分发挥职能部门、各个院系和基层党组织的作用，形成高效、协调、顺畅的运行机制。注重激发院系"中场发动机"的作用，把党的教育方针和重大战略部署落实到院系的各项工作中来。充分发挥学校各职能部门联动的工作优势，始终围绕学校的中心任务特别是人才培养这个核心，坚持不懈地提升管理水平和服务质量。要不断加强基层党组织建设，坚持围绕中心抓党建、抓好党建促发展的原则，为提升人才培养质量提供强有力的支撑。

最后，要学习借鉴国内外办学治校的先进经验，把学校的学术组织和群团组织作用发挥好，创造良好的办学生态环境。实现行政权力与学术权力既相对分离，又相互促进，形成相得益彰的良好工作机制。既要充分发挥学术委员会在学科建设、学术评价、学术发展和学风建设等事项中的作用，

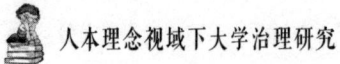

真正做到学术的事多听教授的、上课的事多听老师和学生的，又要充分发挥工会、教代会、学代会在学校民主管理和监督中的作用，调动广大师生参与学校改革发展的积极性，推进学校决策的科学化和民主化，还要充分发挥理事会或董事会在参与讨论学校发展规划、经费筹措和社会服务等方面的作用，建立健全社会支持和监督学校发展的长效机制。

参 考 文 献

[1] 杜威. 杜威三大演讲[M]. 上海：泰东图书馆，1920.

[2] 萧超然，沙健录，周承恩，等. 北京大学校史：1898—1949[M]. 上海教育出版社，1981.

[3] 西方哲学原著选读（上卷）[M]. 北京：商务印书馆，1981.

[4] 中央教育科学研究所. 中华人民共和国教育大事记（1949—1982）[M]. 北京：教育科学出版社，1984.

[5] 阿什比. 科技发达时代的大学教育[M]. 滕大春，滕大生，译. 北京：人民教育出版社，1983.

[6] 张健. 中国教育年鉴（1949—1981）[M]. 北京：中国大百科全书出版社，1984.

[7] 布鲁贝克. 高等教育哲学[M]. 王承绪，等，译. 杭州：浙江教育出版社，1987.

[8] 陈学飞. 美国高等教育发展史[M]. 成都：四川大学出版社，1989.

[9] 潘懋元. 高等教育主动适应经济与社会发展的理论思考——在第二次全国大学教育研讨会上的发言[J]. 教育评论，1989（01）：1-4.

[10] 克拉克·克尔. 大学的功用[M]. 陈学飞，刘新芝，译. 南昌：江西教育出版社. 1993.

[11] [美]伯顿·克拉克. 高等教育系统[M]. 王承绪，译. 杭州：杭州大学出版社，1994.

[12] 王廷芳. 美国高等教育史[M]. 福州：福建教育出版社，1995.

[13] 阮宗泽. 美国开国三杰——民主之魂杰斐逊[M]. 北京：世界知识出版社，1996.

[14] 马克斯·韦伯. 经济与社会（上）[M]. 林荣远，译. 北京：商务印书

馆，1997.

[15] 亚里士多德. 政治学[M]. 吴寿彭，译. 北京：商务印书馆，1997.

[16] L.亨金. 权利的时代[M]. 北京：知识出版社，1997.

[17] 胡德海. 教育学原理[M]. 兰州：甘肃教育出版社，1998.

[18] 何东昌. 中华人民共和国重要教育文献（1949—1975）[M]. 海口：海南出版社，1998.

[19] 刘军宁，王焱. 直接民主与间接民主[M]. 北京：三联书店，1998.

[20] 李宪瑜. 北大缤纷一百年[M]. 北京：北京大学出版社，1999.

[21] 保罗·萨缪尔森. 经济学[M]. 萧琛，等，译. 北京：华夏出版社，1999.

[22] 陈玉琨，戚业国. 论我国高校内部管理的权力机制[J]. 高等教育研究，1999（03）：41-44.

[23] 俞可平. 治理与善治[M]. 北京：社会科学文献出版社，2000.

[24] 别敦荣. 中美大学学术管理[M]. 武汉：华中理工大学出版社，2000.

[25] 舸昕. 漫步美国大学：美国著名大学今夕纵横谈（续编）[M]. 哈尔滨：哈尔滨工业大学出版社，2000.

[26] 德里克·博克. 走出象牙塔——现代大学的社会责任[M]. 徐小洲，陈军，译. 杭州：浙江教育出版社，2001.

[27] 裴斯泰洛齐. 裴斯泰洛齐教育论著选[M]. 夏之莲，等，译. 北京：人民教育出版社，2001.

[28] 保罗·弗莱雷. 被压迫者教育学[M]. 顾建新，赵友华，何曙荣，译. 上海：华东师范大学出版社，2001.

[29] 罗伯特·M.赫钦斯. 美国高等教育[M]. 汪利兵，译. 杭州：浙江教育出版社，2001.

[30] 陈彬. 知识经济与大学办学模式改革研究[M]. 武汉：华中师范大学出版社，2002.

[31] 李福华. 论科学研究中的委托代理问题与制衡机制[J]. 科学与科学技术管理，2002（08）：33-36.

[32] 宁骚. 公共政策学[M]. 北京：高等教育出版社，2003.

[33] 张博树，王桂兰. 重建中国私立大学：理念、现实与前景[M]. 北京：

教育科学出版社，2003.

[34] 陈振明. 公共管理学原理[M]. 北京：中国人民大学出版社，2003.

[35] 王世珍. 略论欧洲文艺复兴时期人文主义思想[J]. 沈阳教育学院学报，2003（02）：14-17.

[36] 本杰明·莱文. 教育改革——从启动到成果[M]. 项贤明，洪成文，译. 北京：教育科学出版社，2004.

[37] 夏勇. 中国民权哲学[M]. 北京：生活·读书·新知书店，2004.

[38] 楚红丽. 公立高校与政府、个人委托代理关系及其问题分析[J]. 高等教育研究，2004（01）：43-46.

[39] 伯利，米恩斯. 现代公司与私有财产[M]. 甘华鸣，罗锐韧，蔡如海，译. 北京：商务印书馆，2005.

[40] 张维迎. 产权、激励与公司治理[M]. 北京：经济科学出版社，2005.

[41] 韩骅. 学术自治——大学之魂[M]. 北京：中国文史出版社，2005.

[42] 阿瑟·刘易斯. 经济增长理论[M]. 周师铭，沈丙杰，沈伯根，译. 北京：商务印书馆，2002.

[43] 冯卓然. 以人为本与社会主义人权建设[J]. 中共天津市委党校学报，2005（04）：69-74.

[44] 彭宇文. 中国高校法人治理结构研究[M]. 北京：中国社会科学出版社，2006.

[45] 戴维·奥斯本，特德·盖布勒. 改革政府：企业家精神如何改革着公共部门[M]. 周敦仁，等，译. 上海：上海译文出版社，2006.

[46] 陈文通. 科学发展观新论[M]. 南京：江苏人民出版社，2005.

[47] 杨晨光，沈祖芸，唐景莉. 服务社会，大学创新的意义所在[N]. 中国教育报，2006-7-18（001）.

[48] 王鸿生. 历史的瀑布与峡谷[M]. 北京：中国人民大学出版社，2007.

[49] 卡尔·雅思贝尔斯. 大学之理念[M]. 邱立波，译. 上海：上海人民出版社，2007.

[50] 龙献忠，杨柱. 治理理论：起因、学术渊源与内涵分析[J]. 云南师范大学学报（哲学社会科学版），2007（04）：30-34.

[51] 刘向东，陈英霞. 大学治理结构剖析[J]. 中国软科学杂志，2007

（07）：97-104.

[52] 希尔德·德·里德-西蒙斯. 欧洲大学史（第一卷）[M]. 张斌贤，程玉红，等，译. 石家庄：河北大学出版社，2008.

[53] 王文胜，马跃如. 《大学》教育思想的现代解读[J]. 现代大学教育，2008（03）：32-36.

[54] 祈占勇. 现代大学制度的法律重构[M]. 北京：中国社会科学出版社，2009.

[55] 刘秀峰，廖其发. 梅贻琦《大学一解》教育思想的现代解读[J]. 西南教育论丛，2009（03）：25.

[56] 让－皮埃尔·戈丹. 何谓治理[M]. 北京：社会科学文献出版社，2010.

[57] 尹晓敏. 利益相关者参与逻辑下的大学治理研究[M]. 杭州：浙江大学出版社，2010.

[58] 曹彦华. 浅谈高等教育人本主义的教育管理理念[J]. 南北桥，2010（07）：3.

[59] 孙霄兵. 探索完善中国特色现代大学制度[M]. 北京：高等教育出版社. 2012.

[60] 李福华. 大学治理与大学管理[M]. 北京：人民出版社，2012.

[61] 邬敏懿，吴明华. 校长负责、教授治学与民主管理的耦合研究——对高校党委领导下的校长负责制的认识与思考[J]. 高等财经教育研究，2012（01）：65-69.

[62] 德里克·博克，曲铭峰. 大学的治理[J]. 高等教育研究，2012（04）：10.

[63] 张应强. 新中国大学制度建设的艰难选择[J]. 清华大学教育研究，2012（06）：25-35.

[64] 陈贵梧. 美国大学社会服务使命及其实现路径[J]. 高等教育研究，2012（09）：101-106.

[65] 蔡中宏. 教育与社会发展研究——基于文化和人的视角[M]. 北京：中国社会科学出版社，2013.

[66] 唐松林，张小燕，李科. 生命论对机械论的检讨及其大学内部治理策略[J]. 现代大学教育，2013（05）：6.

[67] 蒋达勇. 现代国家建构中的大学治理：基于中国经验的实证分析[M]. 北京：中国社会科学出版社，2014.

[68] 俞可平. 论国家治理现代化[M]. 北京：社会科学文献出版社，2014.

[69] 徐勇，吕楠. 热话题与冷思考——关于国家治理体系和治理能力现代化的对话[J]. 当代世界与社会主义，2014（01）4-10.

[70] 孙绵涛. 高校学术委员会制度研究[M]. 北京：人民出版社，2015.

[71] 蔡国春，潘震鑫，王春燕. 我国高校学术委员会制度的演进与展望[J]. 华东师范大学学报（教育科学版），2015（02）：34-40.

[72] 钱颖一. 学院治理现代化：以清华大学经济管理学院为例[J]. 清华大学教育研究，2015（02）：1-6.

[73] 唐松林，魏婷婷. 学术共同体的契约精神：本质、背离与回归[J]. 教育发展研究，2015（07）：70-75.

[74] 张文江. 大学治理中学术共同体与行政共同体的协同作用[J]. 高等教育管理，2015（06）：59-63.

[75] 徐来群. 美国公立大学系统治理模式研究[M]. 上海：上海交通大学出版社，2016.

[76] 孟倩. 大学内部治理的分权与制衡——博弈论的视角[M]. 北京：中央编译出版社，2016.

[77] 赵跃宇. 世界一流大学内部治理体系研究[M]. 北京：高等教育出版社，2016.

[78] 张德祥，黄福涛. 大学治理：权力运行制约与监督[M]. 北京：科学出版社，2016.

[79] [美]切斯特·巴纳德. 组织与管理[M]. 詹正茂，译. 北京：机械工业出版社，2016.

[80] 张杰，邢国凯. 高校学术委员会建设探析[J]. 黑龙江高教研究，2016（09）：46-48.

[81] 湛中乐，王春蕾. 大学治理中的学术委员会制度建设——兼评《高等学校学术委员会规程》[J]. 北京大学学报（哲学社会科学版），2016（02）：76-82.

[82] 别敦荣，菲利普·阿特巴赫. 中美大学治理对谈[J]. 清华大学教育研

究，2016（04）：36-45.

[83] 袁利平，段肖阳. 美国高等教育治理的历史演进与实践逻辑[J]. 河北师范大学学报，2016（06）：91-99.

[84] 王英杰. 共同治理：世界一流大学治理的制度支撑[J]. 探索与争鸣，2016（07）：8-11.

[85] 顾建民. 大学治理模式及其形成机理[M]. 杭州：浙江大学出版社，2017.

[86] 钱小龙，孟克. 美国高等教育国际化概论[M]. 南京：南京大学出版社，2017.

[87] 方晓田，郑白玲. 中国高水平大学校长领导特质与治校理念研究[J]. 国家教育行政学院学报，2017（03）77-83.

[88] 何健. 高校治理体系现代化构建：原则、目标与路径[J]. 国家教育行政学院学报，2017（03）35-40.

[89] 任增元，张丽莎. 现代大学的适应、变革与超越——基于欧美大学史的检视[J]. 教育研究，2017（04）:117-124.

[90] 余利川，段鑫星. 大学治理的价值逻辑与制度启示[J]. 广西社会科学，2017（06）：5.

[91] 范国睿. 从规制到赋能：教育制度变迁创新之路[M]. 上海：华东师范大学出版社，2018.

[92] 王牧华，宋莉. 高校学术治理的生态逻辑：制度保障与环境建设[J]. 吉首大学学报（社会科学版），2018（02）：42-48，2.

[93] 张应强，张浩正. 从类市场化治理到准市场化治理：我国高等教育治理变革的方向[J]. 高等教育研究，2018（06）：3-19.

[94] 王思懿. 从"三角协调"到"治理均衡器"：西方国家高等教育治理模式的现代转向[J]. 现代教育管理，2018（07）112-117.

[95] 李蕾. 城市人才引进政策的潜在风险与优化策略[J]. 中国行政管理，2018（09）：154-155.

[96] 潘懋元，蔡宗模，朱乐平，等. 中国高等教育改革发展70周年：回顾与前瞻——潘懋元先生专访[J]. 重庆高教研究，2019（01）：5-9.

[97] 宋争辉，王勇. 大学基层学术组织的发展困境及治理路径——学科制

度的视角[J]. 南京师大学报（社会科学版），2019（05）：45-53.

[98] 周光礼. 大学校院两级运行的制度逻辑：国际经验与中国探索[J]. 高等教育研究，2019（08）：27-35.

[99] 《教育研究》编辑部. 2019中国教育研究前沿与热点问题年度报告[J]. 教育研究，2020（03）3-17.

[100] 余利川，段鑫星. 理性的"诱惑"：加拿大大学学术治理的变革与启示[J]. 复旦教育论坛，2020（03）：98-105.

[101] 谭璐，殷丙山. 大学治理现代化视域下开放大学面临的问题与对策[J]. 中国远程教育，2020（06）：60-67，77.

[102] 仇苗苗，董维春，姚志友. 新冠疫情下推进一流大学建设的政策情境、行动逻辑与战略选择——以32所教育部直属一流大学建设高校为例[J]. 教育与经济，2020（06）：33-39，50.

[103] 张端鸿，王倩，蔡三发. 学术委员会在高校内部治理中为什么会被边缘化——以A大学为例[J]. 江苏高教，2020（10）：29-36.

[104] 斯蒂芬·罗宾斯. 组织行为学（第18版）[M]. 孙健敏，朱曦济，李原，译. 北京：中国人民大学出版社，2021.

[105] 王晓茜，姚昊. 大学生参与大学内部治理行为的影响因素研究——基于多群组结构方程模型的实证分析[J]. 重庆高教研究，2021（01）：49-58.